Johann Friedrich Schink

Der verlorene Sohn

Ein Lustspiel in drei Aufzügen

Johann Friedrich Schink

Der verlorene Sohn
Ein Lustspiel in drei Aufzügen

ISBN/EAN: 9783741171734

Hergestellt in Europa, USA, Kanada, Australien, Japan

Cover: Foto ©Andreas Hilbeck / pixelio.de

Manufactured and distributed by brebook publishing software (www.brebook.com)

Johann Friedrich Schink

Der verlorene Sohn

Der verlorne Sohn.

Ein

Lustspiel in drey Aufzügen.

Von

Schink.

Für das k. k. National-Hoftheater.

Wien, 1794.
Auf Kosten und im Verlag
bey Johann Baptist Wallishausser.

Personen.

Rath Kegel.
Pinchen,
Nantchen,] seine Nichten und Mündel.
Oberst von Dahlbeck.
von Werden, sein Neffe.
Dombach, des Obersten Adjudant.
Pumper, ein Gastwirth.
Barbara, seine Frau.
Lips, ihr Sohn.
Bediente.

Erster Aufzug.

(Zimmer in Rath Kegels Hause.)

Erster Auftritt.

Pinchen, Nantchen.

Nantchen. Sage, was du willst, du hast Unrecht.

Pinchen. Unrecht? weil ich keinen Herrn über mich erkennen, nicht die unterthänige Dienerinn eines Mannes werden, meine Freyheit nicht in das Joch des Ehestandes schmieden will? Muß Liebe denn schlechterdings Sclaverey seyn? Nein! Frey will ich seyn, und dann lieben.

Nantchen. Das heißt: du willst herrschen, und dein Liebhaber soll dein unterthäniger Sclav seyn. Närrchen! als ob die gebiethenden Herren der Schöpfung das nicht ohnedem wären. Liebhaber oder Ehemänner, unsere Reize sind ihre Könige. Ein Händedruck von uns, knickt ihnen das Knie ein, und ein Kuß wirft sie zu unsern Füßen.

Pinchen. Ja, so lange sie uns nicht besitzen. Aber sind wir einmahl in ihren Habichtsklauen, wips! beißen sie unserer Herrschaft den Kopf ab, daß von ihrer ehemahligen Majestät eben so wenig eine Spur zu sehen ist, als von der ehemahligen Herrlichkeit eines abgesetzten Ministers.

Nantchen. Wenn du nur Bonmots machen kannst. Aber mit allem deinem Witze behältst du doch Unrecht. Was hast du an deinem Liebhaber auszusetzen? Ist er nicht jung, hübsch? nicht der jovialste Junge auf Gottes weitem Erdboden? hast du ihn nicht lieb? Würd' er dir nicht das eigensinnige Herzchen brechen, wenn er seine zärtliche Liebespein vor einer andern Thür anbrächte?

Pintchen. O damit hats gute Wege! Der Vogel klebt zu fest an der Stange. Aber mein katechisirendes Schwesterchen, laß uns die Rollen einmahl tauschen. Ich kann auch mit einigen Fragen aufwarten. Was hast denn du an deinem Liebhaber auszusetzen, den dir der Onkel vorschlägt? Ist er nicht, laut seinem Zeugniß, so hübsch und so jung, so wacker und so gutmüthig, wie nur immer mein Werden sein kann?

Nantchen. Laut dem Zeugnisse des Onkels? da liegt's eben. Ich soll lieben, was ich nicht kenne, meine Hand an ein Geschöpf geben, das ich noch gar nicht gesehen habe; soll ja sagen, wo ich vielleicht nein sagen werde, wenn ichs näher besehe. Das ist doch ein Unterschied, denk' ich.

Pintchen. Dem Ansehein nach, freylich. Aber vielleicht muß man die Männer eben so wenig bey Licht kaufen, wie Weiber und Leinwand, nach dem bekannten Sprichwort. Vielleicht sind das just die besten, die man blindlings nimmt.

Nantchen. Dafür dank' ich. Die Männer sind so vielseitig, daß man wohl vier Augen braucht, um die Seite gewahr zu werden, an die man sich halten kann; und die guten sind so rar, daß man am hellen Tage eine Laterne nöthig hat, sie heraus zu finden.

Pinchen. Ein feines Kompliment für die Männer! Doch, gutes Nantchen, auch du kannst mit deinem Witze nicht durch. Denn pro primo, sagt der Onkel, daß der junge Dahlbeck ein braver Mann ist, und der Onkel lügt nicht, liebt dich, und weiß, was gut ist, denn er selbst ist gut; pro secundo, ist der Vater deines unsichtbaren Liebhabers der wackerste, gutlaunigste, offenherzigste Deutsche, der je in einer Uniform gesteckt hat, und der Apfel fällt nicht weit vom Stamme, folglich, folglich —

Nantchen. Soll ich einen Schatten lieben? Mit deiner Erlaubniß, das folgt ganz und gar nicht. Denn einmahl kennt der Onkel meinen unbekannten Ritter so wenig, als ich selbst, hat ihn nie mit Augen gesehen, glaubt ihn nur gut, weil der Vater gut ist; Zweytens kann ein vortrefflicher Vater einen sehr unvortrefflichen Sohn haben. Und kurz und gut, lieber wollt' ich den Vater heirathen, den ich kenne, als den Sohn, den ich nicht kenne.

Pinchen. Nun, du wirst ihn ja auch kennen lernen. Den Schwiegervater haben wir; der Bräutigam wird auch nicht ausbleiben. Sind doch schon alle möglichen Spürhunde ausgeschickt, ihn aufzufinden. Sieh, Nantchen! das ganze Heirathsprojekt sollte schon deßwegen deinen Beyfall haben, weils so romantisch aussieht. Ein Bräutigam, den die Braut in ihrem ganzen Leben nicht gesehen hat, den der Vormund nur aus der Beschreibung kennt, dessen sich selbst der Vater nur halb und halb erinnert: wahrhaftig man könnte ihn sich nicht romanhafter bestellen. Dieser romanhafte Bräutigam die Frucht einer geheimen Verbindung, schon im zehnten Jahr vater- und mutterlos, weil der Vater nach Amerika, und die Mutter eine Reise in die elysäischen Felder thut. Das Knäblein bey einem Schulmeister unsrer Gegend in Pension; der Vater schon seit langer Zeit ohne Nachrichten von diesem Sohn und Schulmeister, endlich aus Amerika zurück, und weder von seinem Sohn, noch dem Schulmeister nur die kleinste Spur: den Poeten will ich sehen, der das Ding adrischer und unwahrscheinlicher ersinnen kann. Ich bitte dich, Nantchen, nimm den unbekannten Ritter, vorausgesetzt, daß er sich wieder einfindet.

Nantchen. Ey, ich wollte, er fände sich nie wieder; mich verlangt gar nicht, seine Bekanntschaft zu machen.

Pinchen. Pfuy, Schwester! das ist der unchristlichste Wunsch, der je über deine Lippen gekommen ist. Dem guten braven Obersten, der sich so herzlich nach der Umarmung seines Sohns sehnt, die ganze Stadt nach ihm durchläuft, Adjudanten und Feldwebel nach ihm herum sprengt, die Freude nicht zu gönnen!

Nantchen. Es ist auch wahr, ich schäme mich, dir ins Gesicht zu sehen — Aber diese fatale Heirath macht mich ganz mißmuthig. Ich sage dir's, Pinchen, ich kann den Menschen nicht heirathen, selbst, wenn er alles ist, was man nur von einem Manne fordern kann.

Pinchen. Nun, da werden die Alten eine Freude haben. Zwar der Oberste, das ist ein Mann, sanft, wie ein Lamm; aber der Onkel, der wird poltern und schreyen, und sich ärgern. Dem Manne soll alles nach seinem Kopfe gehen, oder der böse Feind ist los. Es ist eine Pulvertonne, wie wir keine mehr sehen werden.

Nantchen. Leider! Es ist der sonderbarste Kontrast, ihn und den Obersten beysammen zu sehen. Er immer oben aus, und der Oberste, die Toleranz im treusten Conterfey. Kommt nun vollends der sanfte Dombach dazu —

Pinchen. Der sanfte Dombach? und das sanft mit einem Tone ausgesprochen, mit einem Tone —

Nantchen. (unwillig) Du bist eine Närrinn mit deiner Tonanslegung.

Pinchen. (ohne sich stören zu lassen) Wo waren denn meine Sinne, daß sie diesen Ton nicht schon eher verstanden, wenn von diesem sanften Adjudanten die Rede war! Ja freylich, mein unbekannter Herr Ritter! nun freylich mögen Sie aussehen, wie Sie wollen, mögen seyn, was Sie wollen: Nantchenburg ist bereits erobert; ein schöner, sanfter, schlanker Adjudant — (Dombach tritt ein) Lupus in fabula, den lateinischen Brocken hab' ich von Werden aufgeschnappt.

Zweyter Auftritt.

Vorige. Adjudant Dombach.

Dombach. Verzeihung, meine Damen! ich suchte den Herrn Obersten —

Pinchen. Nicht zu Hause, lieber Herr Adjudant!

Dombach. So bitt' ich nochmahls um Verzeihung. Ich hatte angenehme Nachrichten, seinen Sohn betreffend.

Nantchen. (ängstlich neugierig) Ist er gefunden?

Dombach. Der Sohn wohl noch nicht, aber doch für's erste sein Lehrmeister. So erzählt mir eben Feldwebel Raps. Ein gewisser Jude, Nahmens, Malbom, hat ihn ausspioniret.

Pinchen. Malbom? ach das ist der wohlbestellte Spion unserer hochlöblichen Polizey. Ich gratuliere dem Obersten: da ist der junge Herr so gut, als gefunden, wenn er noch irgend im Lande der Lebendigen herumwallt.

Dombach. Das freut mich. Ich eile, den Herrn Obersten aufzusuchen. Eine so fröhliche Nachricht kann er nicht bald genug erhalten. Meine Damen, ich habe die Ehre — (will ab.)

Pinchen. Wohin? Sie kommen nicht weg. Wer weiß, wo der Oberste ist? Wahrscheinlicherweise kömmt er bald zurück. So viel ich aus seinen Reden schließen kann, hält er viel auf Sie. Er würde gewaltig mit uns zanken, wenn wir Sie gehen ließen. Ich und meine Schwester wollen thun, was wir können, daß Ihnen die Zeit bey uns nicht lang wird. Nicht wahr, Nantchen?

Nantchen. (etwas verlegen) Was ich dazu beytragen kann —

Dombach. (mit dem feinsten Tone der Bescheidenheit) Sie sind sehr gütig, fast so gütig, wie mein Oberst. Verzeihen Sie, meine Damen, wenn ich sage, fast. Aber, es gibt keinen großmüthigern Mann auf der Welt. Was ich bin, bin ich durch ihn. Von dem Sohne eines gemeinen Feldwebels, hat mich seine Güte bis zu meinem jetzigen Rang erhoben.

Pinchen. Seine Güte allein doch wohl nicht, Herr Adjudant! Das macht uns Ihre Bescheidenheit nur so weiß. Und weil Bescheidenheit einen Soldaten so schön kleidet, und obendrein so selten ist, so will ich Ihrer Bescheidenheit verzeihen, daß sie uns ein Näschen drehen wollten, so gram ich sonst den Lügen bin.

Dombach. Mein Fräulein —

Pinchen. Mein Herr Adjudant, ich bitte, nicht gemuckst! Wir glauben Ihnen kein Wort. Wir sind von Ihren Verdiensten besser unterrichtet, als Sie wohl glauben. Erinnerst du dich noch Schwesterchen, was der Onkel gestern erzählte?

Nantchen. (mit Empfindung) O ja, wie der Sohn nach der Schlacht auf dem Leichnam seines erschossenen Vaters gefunden ward, mit Wunden bedeckt, weil er ihm zum Schilde gedient hatte; beschäftigt, mit seinem Hauche das entfliehende Leben des sterbenden Greises zurückzurufen.

Pinchen. (schnell einfallend) Wie er dieser

that wegen Unteroffizier wurde, und durch neue Bravouren immer höher und höher stieg, bis er endlich — (mit einem Knix) Sie müssen von der Geschichte gehört haben, Herr Adjudant — —

Dritter Auftritt.

Vorige, v. Werden.

v. Werden. Ha, ha, ha! Das ist das tollste Abenteuer, das mir in meinem Leben vorgekommen ist. Ein Vater, der einen Sohn hat, und nicht weiß, wo er steckt, in der ganzen Stadt nach ihm herum läuft, und ihn nicht finden kann. Nicht wahr, Pinchen, das soll uns nicht passiren? unserm Erstgebornen wollen wir den Brodkorb schon höher hängen. Nun, rümpfen Sie nur Ihr Näschen nicht gleich wieder! Sie sind ein allerliebstes Mädchen; aber wenn Sie das Näschen so spitzen, so sehen Sie auf einmahl recht garstig aus.

Pinchen. (ärgerlich) Und Sie sind unerträglich, Sie mögen aussehen, wie Sie wollen. Aber, wie in aller Welt, wissen Sie denn schon?

v. Werden. Daß Onkel Dahlbeck hier ist? O auf die natürlichste Art von der Welt. Sehen Sie nur, da trieb es mich von meiner Stube zu meiner Auserwählten; ich nehme Hut und Stock, singe mit Sedaines Alexis: Ich soll sie sehen, ha, welch ein Augenblick! und wandere zu Ihnen. Da stößt mir mitten auf meinem Wege ein alter Herr in Uniform auf, ein schmucker Offizierkopf, so allerliebst offen, so freundlich und jovial! Das Ge-

sicht muß zu meiner Familie gehören, sag' ich zu
mir selbst — mein eigenes Gesicht fiel mir ein —
und sieh, ich habe Recht. Wie ich ihn recht genau
anseh', find ich, es ist Onkel Dahlbeck, der mich
so manchmahl auf seinem Schooß galoppiren ließ.
Ich stante pede auf ihn zu, fall ihm um den
Hals, küß' ihn, und schreye, wie ein Besessner:
Je willkommen, lieber Onkel — aus Amerika!

Pinchen. Auf öffentlicher Straße, vor allen
Leuten?

v. Werden. Je warum denn nicht? Was
fragt die Freude nach Straßen und Zuschauer!
Ich habe den alten Herrn lieb, und so ließ ich
meiner Freude freyen Lauf. Hätt' ich das sparen
sollen, bis wir unter Dach und Fach gekommen
wären? Das mögen flügellahme Prosaisten thun.
Aber wir sind Söhne der Götter, wir poetisches
Freudengesindel.

Pinchen. Ja wohl Gesindel!

v. Werden. Ps! satyrisches Echo, und lassen Sie mich erst auserzählen! Onkel hat dann
auch eine große Freude mich zu sehen, macht aber
doch dabey ein gar trübseliges Gesicht. Da hör'
ich denn, daß während seines Aufenthalts in Amerika seine Frau, das war meine selige Tante, wenn
Sie's noch nicht wissen, den unklugen Streich gemacht und gestorben ist, daß er hierauf seinen
Sohn, einen Jungen von zehn Jahren, nicht weit
von hier zu einem Dorfschulmeister in die Kost
gethan, seit langer Zeit aber weder von diesem
Sohne, noch von dem Schulmeister eine Sylbe

fahren habe, und nun überall herumlaufe, das verlorne Schaf sammt dem Schäfer aufzusuchen. —

Dombach. Der Herr Oberst wissen also noch nicht, daß der Schulmeister bereits —

v. Werden. Gefunden ist? Doch mein Schatz, Sie verzeihen, mit wem hab ich die Ehre zu sprechen?

Dombach. Mit Adjudant Dombach, Ihrem gehorsamen Diener.

v. Werden. Bey meinem Onkel? freue mich, Sie kennen zu lernen. (ihm die Hand reichend.) Ihre Hand! wir müssen näher bekannt werden. Sie haben ein Gesicht, das einlädt, und bey den schönen Augen meiner reizenden Philippine! Sie müssen zu unsrer Familie gehören, das behaupte ich von allen guten Gesichtern.

Dombach. Viel Ehre für mich. Aber der Herr Oberst —

v. Werden. Ist dem Schulmeister auf der Spur. Jud Malbom ist der Spürhund, der Schulmeister zum Gastwirth im goldenen Pelikan, draußen in der Vorstadt, avancirt, und hat den Nahmen, Pamper, angenommen. Der Onkel ist mit dem Juden hin. Ich wollte erst mit, aber diese schönen Augen — (auf Philippine deutend) zogen stärker, und so flog der zärtliche Schäfer hierher, der Huldinn seines Herzens zu schwören —

Pinchen. (ihn unterbrechend.) Daß er ein Hasenfuß ist.

v. Werden. Pinchen! Pinchen! Sie machen's ein bißchen zu bunt. So was können Sie mir wohl unter vier Augen sagen; aber jetzt in Gegenwart des fremden Herrn —

Pinchen. Dieser Herr ist uns nicht so fremd, wie Ihre guten Eigenschaften —

v. Werden. Dafür, schönes Pinchen, ist meine Bekanntschaft mit Ihren Fehlern desto genauer.

Pinchen. Das merk' ich; denn auf den unverzeihlichsten davon sündigen Sie täglich, ganz unbarmherzig los.

v. Werden. Und der wäre?

Pinchen. Meine Toleranz gegen Ihre Thorheiten.

v. Werden. Brav! Ihr Witz hat Hände und Füße, und Ihr Spitzköpfchen ist ein ordentliches Magazin von Epigrammen: sie stieben Ihnen, wie Schneeflocken, zum Munde hinaus.

Pinchen. (mit angenommener Einfalt.) Bleiben Sie mir mit den ehrenrührigen Dingen vom Halse! Ich weiß zwar nicht, was ein Epigramm ist: aber, weil Sie es im Munde führen, ist gewiß nicht viel Gutes daran.

v. Werden. Was ein Epigramm ist? (einen Augenblick nachdenkend.)

Ein Epigramm ist ein Gedicht, das fein
Auf den Verstand wirkt, niedlich, reizend, klein,
Durch Wohllaut sich empfiehlt, durch ächten Witz,
  durch leichte
Kunstlose Grazie: bald Schmeichelworte spricht,
Und bald, der Biene gleich, mit scharfem Stachel
  sticht.

Kurz, schönes Kind! der Mann, der dich erzeugte,
Macht' ein lebendig Sinngedicht.

Pinchen. (Mit einem Nachdruck von Wohlgefallen, den sie verläugnen will.) Schäcker!

Nantchen. Das war wirklich allerliebst!

Dombach. Sehr artig, in der That!

v. Werden. Kleinigkeit! extempore, wie Sie sehen. Aber, wenn ich meinen Pegasus recht ordentlich in Amt und Pflicht nehme. —

Dombach. Sie sind also ein Dichter?

v. Werden. Zu dienen.

Pinchen. Aber auch sonst in der Welt weiter nichts!

v. Werden. Weiter? was wollen Sie denn, daß ich noch seyn soll? Hab' ich nicht Geld genug, um unabhängig zu leben? Will jetzt nicht alles frey seyn, und ich sollte zurück bleiben? Gehorsamer Diener!

Frey sind die Vöglein in den Lüften,
Und ich, ein Mensch, soll' es nicht seyn?
Frey tönt' ihr Lied in Hain und Triften,
Und mich, mich sperrt' ein Käficht ein?
Nein nein!
Frey will ich seyn!
Und werde stets den Käficht scheun!

Pinchen. (zu Dombach.) Das heißt, der Herr ist ein poetischer Müßiggänger, ohne Amt und Geschäfte — ein Genie, mit Ehren zu melden.

v. Werden. Nur zu, mein kleines lebendiges Epigramm! Wahrhaftig, Pinchen! wir müssen machen, daß wir ein Paar werden. Da wollen wir dann unsern Witz zusammen thun, und eine ganze Familie von Epigrammen in die Welt setzen. Es lebe der Witz!

Nantchen. Und ich sage, der Verstand. Witz ist gut, aber Verstand ist besser.

v. Werden. Sieh da, noch eine Epigrammatistinn. Herr Adjudant, sind Sie ein Liebhaber von der Waare, so will ich recommandirt haben.

Nanntchen. Ungezogener Mensch!

Dombach. Wenn Sie mich dem Fraulein empfehlen wollten —

Pinchen. O Sie brauchen so eines Menschen Empfehlung nicht, Sie empfehlen sich selbst.

v. Werden. Blitz! da sollt' ich wohl gar eifersüchtig werden. Ich will doch ein wenig drüber nachdenken.

Pinchen. Nachdenken? das ist so etwas seltnes bey Ihnen, daß es Sünde wäre, Sie darin zu stören. Meine Herren, Ihre Dienerinn! (ab.)

v. Werden. (ihr nach.) Adieu, Spitzköpfchen!

Nanntchen. Meine Herren! gleichfalls Ihre Dienerinn!

Dombach. Ehe Sie gehen, mein Fraulein! darf ich Sie um die Erlaubniß bitten, Ihnen dann und wann eine Stunde zu vertreiben, mit der Sie grade nichts Bessers anzufangen wissen?

Nantchen. (mit Delikatesse.) Herr Adjudant! ein Mann, wie Sie, bedarf nicht erst Erlaubniß, mir eine angenehme Stunde zu machen. Herr von Werden, Ihre Dienerinn!

v. Werden. (küßt ihr die Hand.) Adieu, kleine Sittsamkeit!

(Nantchen ab.)

Vierter Auftritt.

v. Werden, und Dombach.

v. Werden. Nun, Herr Adjudant, so in Gedanken? denken Sie über meine Recommandation nach?

Dombach. In der That, Fräulein Nanichen ist die Liebenswürdigkeit selbst.

v. Werden. Das ist wahr; fast so hübsch, wie meine Angebetete, denn Sie werden wohl gemerkt haben, was zwischen mir und Phillippinen vorgeht. Wenn Sie Ihr Heil bey der Jüngsten versuchen wollen, so steh' ich zu Diensten. Aber nach gerade ist es doch Zeit, daß wir den Obersten aufsuchen.

Dombach. Allerdings.

v. Werden. Ihren Arm! (er faßt ihn unterm Arm.) Arm in Arm gingen die Grazien.

(ab mit Dombach.)

Fünfter Auftritt.

(Gasthof im goldenen Pelikan.)

Pumper, und Barbara.

Pumper. Was ich dir sage, Barbara, uns steht ein Avancement bevor, bey dem alle meine Haare sich empurstrauben. Der selige Oberst Dahlbeck geht noch frisch und gesund auf seinen zwey Beinen im Lande der Sterblichkeit herum, hier herum, sucht seinen Sohn auf, und ist uns auf der Spur. Mir wird man draußen vor dem Thore zu einer hübschen Aussicht verhelfen; (das Hängen bezeichnend) und dich ein paarmahl (den Staubbesen andeutend) die Straßen auf und nieder, und dann in die Akademie der bildenden Künste, sonst Zuchthaus genannt, führen. Ach, Barbara! Barbara! erfind' einen Kniff; oder dein theurer Ehegemahl schwebt in den Lüften, und du, meine hochgelobte Hausehre, producirst deine schönen Talente in der Raspelkammer.

Barbara. Ja, nun soll meine Pfiffigkeit den Karren aus dem Koth herausziehen, in den ihn deine Dummheit hinein geschoben hat. Erst läßt der Tölpel, den Jungen auf und davon gehen, und dann schlägt er die Hände über dem Kopf zusammen, und schreyt: O jemine! jemine! was hab' ich gethan?

Pumper. Aber hab' ich's ihm denn geheißen, daß er fort gehen sollte? Ich weiß auch gar nicht, was dem adeligen Blitzjungen auf einmahl in den Kopf gefahren ist. Ich erzog ihn so ächt dessaulsch, als wenn ich im Philantropin groß geworden wäre. In seinem ganzen Leben hat er keinen Schlag gekriegt. Mit dem Lernen habe ich ihn nie viel geplagt. Ich ließ ihn Ball spielen, auf die Bäume klettern, nach dem Ziel rennen, voltigiren und schwimmen, daß es eine Lust war. Ich war du und du mit ihm, und selbst beym Lernen trieb ich Narrenspossen mit ihm. Nur im Essen und Trinken hielt ich ihn ein Bißchen karg: Grütze und Kartoffeln, Brot und Salz war seine ganze Nahrung.

Ich hätt' ihm freylich für das hübsche Kostgeld, das ich bekam, was Besseres zu essen geben können. Aber lieber Himmel! in den neumodischen Erziehungsanstalten bezahlen die Jungens auch so viel Geld, und kriegen nichts Bessers zu essen. So ist es Sitte, und dem Menschen gedeiht es besser, wenn er nicht nur mit Brot, sondern auch vorzüglich mit den Brocken der Weisheit gefüttert wird.

Barbara. Wische wasche! deine neue Erziehung ist just so ein Tölpel wie du. Wenn aus den Jungens was werden soll, so müssen sie lernen, daß ihnen der Kopf raucht, und Prügel haben, daß ihnen die Knochen knacken. Für den Schulmeister müssen sie Respeckt haben, und wenn sie den haben sollen, so muß der Schulmeister sich ins Zeug werfen, die Nase hoch tragen, und sich nicht so familiär machen, daß sie ihn du heißen. Hättest du den Jungen brav auswendig lernen lassen, ihm dann und wann ein notabene hinter die Ohren, und gut zu essen und zu trinken geben, er wäre nicht heidi gegangen. Die Angst hätt' ihn beym Beln, und das gute Essen beym Magen fest gehalten. Aber so dacht' er, Ballspielen, auf die Bäume klettern und schwimmen kannst du allenthalben, und was Bessers, als Kartoffeln und Brey, findest du, wo du hinkommst, und husch war er über alle Berge.

Pumper. Je! so schwatz! helfen sollst du, und mir nicht den Kopf noch rappelköppischer machen, als er schon vor Angst und Noth ist. Genug, der Junge ist einmahl fort, schon ein Jahr vorher, als ich dich heirathete. Der Himmel weiß, wo er hingekommen ist. Und, wie es hieß, der Oberst wäre in Amerika erschossen: so hab' ich mir auch weiter keine Mühe um ihn gegeben. Ich verliebte mich in dich, hing, dir zu gefallen, meinen Schulmeister an den Nagel, und ward hochlöblicher Gastwirth im goldnen Pelikan. Es ist auch hübsch eingeschlagen, die niedlichen Dukaten in unsern Geldkassen —

Barbara. Sind meist aus des Obersten Geldbeutel, leider! Deßwegen bist du auch aus Meister Bonifacius, Herr Pumper geworden. Was geht's mich an? hast du die Suppe eingebrockt, so magst du sie auch aussessen.

Pumper. Aber bedenk nur, Barbara, daß mir die Justiz den Löffel dazu geben wird. Ach! und mit den Löffeln schmeckt die Suppe verdammt bitter; 's ist, als wenn sie über und über mit Rhabarbar beschmiert wären. Um deiner ehelichen Treue willen, hab' Erbarmen, und erspar' mir's Aussessen. Du hast immer einen anschlägerischen Kopf gehabt: wenn du mir dießmahl damit hilfst, so laß' ich ihn abmahlen, und häng' ihn als Schild vor unser Gasthaus, mit der Unterschrift: Zu'm Pfiffkopf!

Barbara. Was? meinen Kopf vor die Hausthüre hängen? mein Gesicht zum Gastwirthschild zu machen? Ich glaube gar, Hanns Urian, du willst mich noch zum Besten haben? Was hast du denn an meinem Gesicht auszusetzen? Was würde aus deiner ganzen Wirthschaft geworden seyn, wenn mein Gesicht nicht wäre? laß du dich lieber in deinem grünen Bratenrock vor's Haus hängen, so heißt's hernach: Zum grünen Esel.

Pumper. Aber, wie kannst du nun gleich so auffahren, Barbara? halt' ich nicht dein Gesicht in Ehren, als wenn du eine verklärte Barbara wärst? bin ich nicht eifersüchtig wie ein Bär, wenn du nur einen Andern freundlich ansiehst? Sey doch vernünftig, sey christlich, und hilf deinem armen Ehemann von einer Standeserhöhung, zu der kein ehrlicher Kerl Appetit hat. Weißt du denn gar nichts zu ersinnen?

Barbara. Da ist viel zu ersinnen! Sags dem Obersten gerade heraus, wie es zugegangen ist. Freylich, danken wird er dir es schwerlich —

Pumper. Aber, liebe Barbara, er wird mir's nicht glauben. Ich hab' ihm so lange nicht geschrieben. Er wird alles für Lug und Trug halten, wenn er unser Geld und Gut sieht, uns, mit Ehren zu melden, Spitzbuben schelten, vielleicht gar denken, daß wir seinen Sohn aus dem Leben ins Grab transportirt. 's geht nicht, Barbara! 's geht nicht!

Barbara. (schnell sich besinnend.) Aber halt! Wie alt ist jetzt dein Lips?

Pumper. Netto zwanzig Jahr.

Barbara. Und des Obersten Sohn?

Pumper. (nachrechnend.) Sehn Jahr, wie er zu mir kam: zwey Jahre bey mir, acht Jahr weg — sind wieder zwanzig, nur ein Paar Monath drüber.

Barbara. Scharmant! Ja, das ist ein Elend, wenn man so einen Strohkopf zum Manne hat. Auf alles muß man ihn mit der Nase hinstoßen!

wenn ihm die gebratenen Tauben nicht ins Maul fliegen, so sieht er sie nicht. Nun so sperr dein großes Maul auf, du Schafsgehirn, daß ich sie hineinstecken kann. Mach dem Obersten weiß, daß Lips sein Sohn ist. Nu? Ba! wie er da steht.

Pumper. Wa — wer — was?

Barbara. (schreyt ihm in die Ohren.) Du sollst deinen Lips für des Obersten Sohn ausgeben. Nicht einmahl in Schlaraffenland taugt der Hans ohne Hirn: die Taube fliegt ihm ins Maul, und er beißt nicht zu.

Pumper. Aber ums Himmels willen, Barbara! —

Barbara. Aber um deiner hohen Einfalt willen — Hanns Pumper! beiß an, oder laß dich hängen! Putz' das Ding nur hübsch auf, und der Oberst glaubt's. Dein Glück steht fest, wie deine Dummheit, und der Galgen hat fürerst nicht die Ehre, dein holdes Antlitz im Sonnenschein zu spiegeln.

Pumper. Aber Frau!

Barbara. Aber Dummkopf! thu, was du nicht lassen kannst! Präpariren will ich das Ding schon. Schicke mir nur den Jungen her. Ich will ihn zustutzen, daß der Oberst seine Freude an ihm haben soll.

Pumper. Aber sey doch gescheidt, Frau! So ein plumper unmanierlicher Schlingel, ein Tölpel in optima forma. —

Barbara. 'S ist freylich dein natürlicher Sohn. Das hat aber alles nichts zu bedeuten. — Der Junge hat nicht hören wollen, du hast ihn mit Willen ein Bißchen gemein erzogen, ihm seine adelige Geburt verschwiegen, daß er nicht hochmüthig werden sollte. Kurz und gut, schick mir den Jungen.

Sechster Auftritt.

Vorige. Lips.

Lips. Vater, drunten ist ein Feldwäbel. Ein fremder Officier will Quartier bey uns nehmen. Ihr sollt mal 'nunter kommen.

Pumper. Ach! der Angstschweiß bricht mir aus allen Gliedern: es wird mir grün und gelb vor den Augen; ich bin einer Ohnmacht nahe. — Barbara! Barbara! das ist er ganz gewiß: das ist der Teufel der mich hohlen soll —

Barbara. Man spürt dir doch den Gelehrten immer und ewig an: Hasenherz und Knabenfurcht. Thu, was ich dir gesagt habe, und der Teufel soll dir die Klauen wohl vom Leibe lassen. Jetzt troll dich! Wenn er dich hohlt,, so ist's deine Schuld.

Pumper. Hu! Mir läuft eine Gänsehaut über.

(ab.)

Siebenter Auftritt.

Barbara. Lips.

Lips. Mutter, was fehlt dem Vater? Er macht ja ein entsetzliches Gesicht! und was hat er denn mit dem Gott sey bey uns! zu thun? Er wird doch kein Bündniß mit ihm gemacht haben?

Barbara. Ach! was wollt' er! Aber 's ist ein Gelehrter gewesen, und das sind kuriose Leute: vor lauter Lernen und Studieren überlernen und überstudieren sie sich, und da setzen sie sich dann wunderliches Zeug in den Kopf; zum Beyspiele, daß sie von Glas sind. In Hannover war ein Gelehrter, der meinte, er wäre ein Gerstenkorn, und ging nicht aus dem Hause, damit ihn die Hühner nicht fressen sollten.

Lips. (albern lachend.) Ha, ha, ha! das ist närrisch! ein Mensch, der wie ein Gerstenkorn aussieht, ha, ha, ha! ein Mensch, den die Hühner fressen, hi, hi, hi!

Barbara. Drum, lieber Lips, werde du ja kein Gelehrter: laß du dir hübsch eine Uniform anziehn, und eine Fahne in die Hand geben, und dann marschier hinter der Trommel her —

Lips. Patobom! Patobom! hi, hi, hi! Da werd' ich mich scharmant ausnehmen.

Barbara. Das versteht sich: du bist ein schmucker Kerl, und fix auf den Beinen —

Lips. Nicht wahr, Mutter? Mit den Hasen lauf' ich um die Wette — o todt schießen sollen sie mich gewiß nicht: eh mir die Kugel nachkommt, bin ich längst über alle Berge.

Barbara. Du Herzenslips! du bist zum Soldaten geboren.

Lips. Ja, Mutter! wenn ich's nur schon wäre.

Barbara. Das wird nicht lange mehr werben: der Vater wird dir eine Uniform mitbringen —

Lips. J, wo kriegt der denn die Uniform her, Mutter?

Barbara. Närrischer Lips! er trägt ja selbst eine.

Lips. (sperrt das Maul auf.)

Barbara. Gelt, das kannst du nicht begreifen? freylich Herr Pumper und Uniform sind einander eben so fremd, als ein Poet und ein voller Geldbeutel. Aber der ist auch nicht dein Vater.

Lips. (sperrt das Maul noch mehr auf.) J!

Barbara. Dein Vater ist ein Herr Oberst in unsers gnädigen Fürsten Diensten, hat in Amerika kommandirt, und ist heute glücklich zurück gekommen. Dein Nahme ist nicht Lips Pumper. — Ihr Gnaden (macht einen tiefen Kniz) heißen Joachim von Dahlbeck, und Frau Pumper ist Ew. Gnaden unterthänige Dienerinn.

Lips. (faltet die Hände vor die Brust, und reißt Maul und Augen auf.) Herr Je!

Barbara. Und der gnädige Papa wird gleich hier seyn, und Ihnen einen schönen Federhut aufsetzen, und einen schönen Degen anschnallen.

Lips. (mit kindischer Freude.) Hi, hi, hi! Geh Sie doch, Mutter, Sie will mir einen Bären anbinden.

Barbara. Was ich Ihnen sage, Junker Joachim! der gnädige Papa wird Ihnen alles haarklein erzählen.

Lips. Nu, da seh man mahl, was aus einem Menschen werden kann! Hab' ich doch immer gedacht, ich wär' nur Lips Pumper schlecht weg. Und nun bin ich auf ein Mahl ein gnädiger Junker, und krieg' einen Federhut, und eine Fahne, und einen langen Degen, und heiße Herr von, und Ihr Gnaden. Aber Sie hat mich doch nicht zum Narren? Ich bin doch gewiß was Gnädiges?

Barbara. Ich will keine ehrliche Frau seyn, wenn's nicht wahr ist. Ach! ich unhöfliche, unmanierliche Frau! nehmen Sie's doch ja nicht übel, Ihr Gnaden, daß ich Ihnen den Rock nicht geküßt habe — (will ihm den Rock küssen.)

Lips. (schlägt sie auf die Finger.) Ilaß Sie doch die Narrenspossen bleiben! Gebe Sie mir lieber einen Schmatz! Denn sieht Sie, ich bin gar nicht hochmüthig. Doch ne, küsse Sie mir mahl den Rock — s'ist nur des Spaßes wegen; ich will nur sehen; wie's läßt, wenn man einem den Rock küßt.

Barbara. (thut's.)

Lips. Ha, ha, ha! Nu, laß sie's man gut seyn. Küsse Sie mir auch einmahl die Hand.

Barbara. (thut's.)

Lips. Hi, hi, hi! das ist zum Todtlachen.

Barbara. Ach! vergessen Sie's doch ja, gnädigst, hochgeborner Herr Baron! daß ich Sie manchmahl einen dummen Jungen geheißen, und Ihnen erst gestern ein Paar tüchtige Ohrfeigen gegeben habe.

Lips. (wirft sich in die Brust.) Na, laß Sie man gut seyn, Frau Pumper! Es ist alles vergessen und vergeben. Sie haben mir freylich höllisch weh gethan. Aber 's ist all gut. (kneipt sie in die Backen.) Sie kann auf meine Gnade rechnen. Aber dem Tölpel, meinem vorigen Vater, muß Sie sagen, daß er mich nicht mehr du nennt, und nicht mehr prügelt. Blitz und der Hagel! der gibt Püffe, daß man die blauen Flecken davon noch drey Tage sieht.

Barbara. I bewahre, Ihr Gnaden! wenn er sich das wieder unterstünde, so könnten Sie ihn ja ins Hundeloch stecken lassen.

Lips. Wahrhaftig! hi, hi, hi! hör' Sie, sage Sie ihm lieber nichts. Dann prügelt er mich gewiß! 's ist nur, daß ich ihn ins Hundeloch stecken lassen kann. Hi, hi, hi! der soll zappeln und nichts kriegen, wie Brot und Wasser! das soll ein Spaß werden, hi, hi, hi!

Barbara. Ha, ha, ha! Ihr Gnaden sind zum vornehmen Herrn geboren!

Lips. Das muß wahr seyn, und ich Esel habe mir's mein Tage nicht angemerkt.

Barbara. Das geht mehrern jungen Herren so, hochgeborner Herr Baron!

Lips. Das ist kurios genug. Aber, wo ist denn mein neuer gnädiger Herr Papa?

Barbara. Er wird gleich hier seyn. Gehen Sie unterdeß auf Ihre Kammer, gnädiger Junker, und ziehen Ihren Sonntagsrock an, damit Sie hübsch geputzt sind, wenn der Herr Papa kommt.

Lips. Blitz, das will ich auch thun; und hör' Sie, Frau Pamper! wenn ich erst die Fahne in der Hand habe, dann will ich auch zu Ihr kommen, und Sechsundsechziger bey Ihr trinken.

Barbara. Viel Ehre für unser Haus, Herr Baron!

Der verlorne Sohn.   27

Lips. Nun, gute Frau, kann Sie mir die Hand noch einmahl küssen!

Barbara. Allzuviel Gnade! (thut's.) Sie sind der großmüthigste Junker, den ich in meinem Leben gesehn habe.

Lips. Gelt, ich bin gar nicht hochmüthig!

Barbara. Gar nicht.

Lips. Und bin ein recht gutes Schaf?

Barbara. Es ist recht Schade, daß Sie kein Herr sind, der viel zu sagen hat.

Lips. Je nun, was ich nicht bin, kann ich noch werden.

Barbara. Das ist wahr! Ich empfehle mich zu Gnaden.

Lips. Gleichfalls. (mit Komplimenten und Lachen ab.)

Achter Auftritt.

Oberster v. Dahlbeck, und Pumper.

Pumper. Nur hier herein, gnädiger Herr! Ist's denn wirklich möglich, daß Sie noch leben? Es hieß so gewiß, Sie wären todt. Um alles in der Welt; wie haben Sie's denn angefangen, Herr Oberst, daß Sie die Kanonen nicht erschossen haben?

Oberst. Narr! wenn alle Kugeln treffen sollten, so müßte der Fürst alle Augenblick eine neue Armee anwerben.

Pumper. Nun ich bin von Herzen erfreut, meinen theuern Patron und Gönner, den großen

Helden und Kriegsmann, wieder auf deutschem Grund und Boden zu sehen. Mein Herz schwebt empor, wie ein Luftballon, und schwimmt in Freude, wie Herr Blanchard in der Himmelsluft.

Oberst. Höre einmahl, Hanswurst!, sprich deutsch, wenn du mit mir reden willst, und kein Rothwälsch. Ich verstehe kein Wort.

Pumper. Das macht die Freude, mein gnädiger Gönner! sie gibt mir Wörter und Töne ein, die sich über die Welt erheben, gleichsam mit dem Kopf an die Sterne stoßen.

Oberst. Nimm dich nur in Acht, metomorphisirter Schulmeister, daß du nicht mit dem Kopf an den Galgen stößest. Denn du scheinst mir ein ärgerer Gaudieb, als je einer zwischen Himmel und Erde herum geschwebt hat.

Pumper. Ach! Ihr Gnaden, erlauben Sie mir, daß ich mich ein wenig an der Stuhllehne halten darf! mir wird ganz schwindlich b*y* der Aussicht, die Ihr Gnaden da vor mir aufthun.

Oberst. Ein Beweis, daß dein Gewissen wurmstichig geworden ist. Ein ehrlicher Kerl sieht dem Hochgericht gerade unter die Augen, und verzieht keine Miene. — Also du Mann mit dem löchrigen Gewissen, thu Rechnung von deinem Haushalten! Warum hast du deinen ehrlichen Nahmen, Bonifacius, abgelegt? warum heißt du jetzt Pumper? Warum hast du mir in so langer Zeit nicht geschrieben? und wo ist mein Sohn?

Pumper. Ach! Ihr Gnaden, das sind ja so viel Fragen auf einmahl. Lassen mich Hochdieselben nur zu Athem kommen. Sie thun mir hinmelschreyend Unrecht. Ich bin die ehrlichste Haut von der Welt. Wenn man die Ehrlichkeit in Kupfer stechen laſſen wollte, müßte man mich dazu nehmen. Ich habe Ihren Herrn Sohn lieb gehabt, als wenn ich Vater zum Kinde wäre, und ihn gehätzt und gepflegt mit meinem Blute, wie der Pelikan seine Jungen.

Oberſt. (lachend) Ein allerliebſter Einfall, meinen Jungen mit Schafsblut groß zu ähen!

Pumper. Und geschrieben hab' ich Ihnen alle acht Tage. Aber lieber Himmel! Waſſer hat keine Balken. Es iſt ſchon ſo manches ehrliches Mütterkind im Meere ertrunken, und von Haifiſchen verzehrt worden; wie leicht kann's auch mit meinen Briefen ſo gegangen ſeyn!

Oberſt. So wollt' ich, ſie hätten dich lieber gefreſſen, verwünſchter Saalbader! Wo mein Sohn iſt, das will ich jetzt wiſſen! hörſt du?

Pumper. Ey, Herr Oberſt, der lebt friſch und geſund, — — pausbackig, wie ein Bladengel, feſt wie ein Eichenaſt, und ſtark wie der Rieſe Poliphem.

Oberſt. Nun das iſt brav! Und wie ſieht's hier aus, (auf den Kopf deutend) und da? (auf das Herz deutend.)

Pumper. Je nun, gnädiger Herr Oberſt, der Himmel theilt ſeine Gaben wunderlich aus: dem einen gibt er einen ganzen Haufen, dem andern ein ganz winziges Bißchen. Sehen Sie, mit dem Studieren hat's nie bey dem Herrn Sohn ſtecken wollen; ſo mit der Geiſteskultur hat's immer gehapert. Von Büchern war er ſein Leben kein

Freund; da hausten die Augen und Gedanken immer wo anders. Die Gelehrten kann er überhaupt nicht leiden, und hat deßwegen oft seinen gnädigen Spaß mit mir gehabt. Wenn ich ihn so Geographie und Geschichte lehren wollte, so prickelte er mich entweder mit Stecknadeln in die Waden, daß ich Ach! und weh schreyen mußte, oder ließ eine Schachtel voll Maykäfer um mich hersummen, daß ich mit genauer Noth meine Perücke rettete. Aber sein Herz, sein Herz, gnädiger Herr, das ist weich wie ein Eyerkuchen, unschuldig wie ein neugebornes Kind. Verstellen kann er sich gar nicht: was er denkt, sagt er gerade heraus, zuweilen ein Bißchen plump, aber er meints aufrichtig; und lustig ist er und rüstig, 's ist eine Lust, ihn zu sehen. Er schiebt Kegel vor zehne, läuft Schrittschuh, daß ihm kein Mensch nach kann, und prügelt die Jungens auf der Straße zusammen, daß sie ach und weh schreyen. Es wird ein ganzer Held werden, Ihr Gnaden! es steckt schon in ihm. Noch eines muß ich doch sagen: er ist ein Bißchen verliebter Komplexion. Manchmahl ist er in zwanzig Mädchen auf einmahl verliebt — In allen Ehren, versteht sich.

Oberst. Nun freylich, weil er's in zwanzig auf einmahl ist, da hat's keine Gefahr.

Pumper. Und, daß Ihr Gnaden nicht etwa glauben, daß er, mit Respekt zu reden, ganz und gar ein dummer Matz ist. Bewahre! was man so einen schlechten Menschenverstand nennt, daran fehlt's ihm gar nicht. Zuweilen hat er pudelnärrische Einfälle, und bey der Arbeit ist er flink, wie eine Wiesel. Es fliegt ihm nur so von der Hand weg. —

Oberst. So ist's brav: die Gelehrsamkeit will ich ihm schenken. Er ist gut, offen, fröhlich, arbeitsam, hat gesunden Menschenverstand und Herz: ich bin zufrieden mit deiner Erziehung, Freund Pumper! Nur her damit, daß ich ihm um den Hals fallen und zuschreyen kann: Junge, da hast du deinen Vater!

Pumper. Halten zu Gnaden, Ihr Gnaden, gnädigster Herr Oberst! Der Junker ist nicht zu Hause. Meine Frau, wenn Sie es ihr nicht ungnädig nehmen wollten, hat ihn in Hausangelegenheiten ausgeschickt. Wir haben uns so unterthänigst die Freyheit genommen, zu thun, als ob der gnädige Junker aus unsern geringen Lenden entsprossen wäre, um, so zu sagen, den hochadelichen Hochmuth in ihm zu ersticken.

Oberst. Nun das ist gut: Das Wort: von! macht keinen Menschen respektabel, sondern daß er's verdient, ein Von vor seinem Nahmen zu haben. Hast recht gethan, alter Schulmeister! Aber Unrecht ist's, daß du ihn bloß, als Wirthsjunge, und hier im Wirthshause erzogen hast: der Junge hat doch eine andere Bestimmung, als Gläser auszuschwenken, Teller zu geben, und beym Billiard die Parthien zu markiren. Dann kömmt denn auch so allerley öter zusammen, Menschen und Vieh, Schaf und Ochsen allzumahl, dazu auch wilde Thiere; was so einen jungen Burschen eben nicht formirt.

Pumper. Der gnädige Herr Oberst verzeihen.

Ein Wirthshaus ist eine große Schule der Menschenkenntniß. Man sieht da das zweybeinige, federlose Thier, Mensch, unter allen Gestalten, lernt mit allen Leuten umgehn, und profitirt einen gewissen Geist der Popularität, der einem gar fein durch die Welt hilft. Und es ist eine herrliche Tugend, die Popularität, gnädiger Herr! sie ist, wenn ich so sagen darf, ein wohlgefütterter Kapotrock, der aushält gegen Sturm und Regen, gegen Wind und Wetter.

Oberst. Sieh, da hast du wahrhaftig recht was Gescheides gesagt. — Wenn er nur schon da wäre mit seinem Kapotrock! möchte doch wissen, wie er d'rin aussieht. Es hält mich auch nicht länger hier: ich will hinaus auf die Gasse; vielleicht stößt er mir auf.

Pumper. Ich denke, er wird nicht lange mehr ausbleiben. Wollten Ihre Gnaden nicht so lange ins Gastzimmer treten, und eine Flasche von welchem alten sechs und sechziger Rheinwein —

Oberst. Nur her damit! ich will unterdeß ein Glas auf seine Gesundheit trinken. — Komm, er soll leben!

Pumper. Soll aufblühen, wie die edle Aloe, anwachsen, wie die Zeder Libanons, und grünen immer und ewiglich, wie das Gras in Pohlen —

Oberst. Das so lang ist, daß man die Kühe nicht sehen kann, die dahinter weiden? Ha, ha, ha! du bist ein Hasenfuß, mit sammt deinen Gleichnissen —

Pumper. Hi, hi, hi! Ihre Gnaden scheinen

ein Liebhaber der edlen Poesey! (ihm eine Thür öffnend) Ist's gefällig, mein Patron und Gönner?

Oberst. Nur voran, poetischer Gastwirth! (folgt ihm.)

Zweyter Aufzug.

(Zimmer in Rath Kegels Hause.)

Erster Auftritt.

Rath Kegel, Nantchen.

Nantchen. Lieber Onkel, Sie ereifern sich ohne Noth.

Kegel. Ereifern? Ich mich ereifern? Ich bin die Gelassenheit selbst. Hab' ich mir's nicht ausdrücklich vorgenommen, hab ich dirs nicht in die Hand zugesagt, daß ich nicht hitzig werden wollte? He, kannst du's anders sagen?

Nantchen. Ja wohl, lieber Onkel, haben Sie das! Aber —

Kegel. Aber? aber? was aber? Immer kömmst du mit einem Aber; und die Aber sind mir doch in den Tod zuwider. Das weißt du, oder weißt du nicht? Warum sprichst du nicht? bin ich keiner Antwort werth? Um alles in der Welt, mach' mich nicht toll. Noch bin ich kalt, noch bin ich gelassen.

Nantchen. (ganz kalt) Das sind Sie auch, lieber Onkel!

Kegel. Also, was willst du? was ärgerst du mich? was bringst du mein Blut in Wallung? Warum widersetzest du dich meinen Wünschen, meinen Bitten, meinen Befehlen? Warum sagst du nein, wenn ich ja hören will? Sieh! ich will ganz sanft mit dir reden. Aber thun mußt du, was ich haben will, nicht mucksen, wenn ich dir den jungen Dahlbeck zuführe, und sage: Weib, das ist dein Mann! Das sollst du, das wirst du, das mußt du! Oder ich ziehe meine Hand von dir ab, will nichts mehr von dir hören und wissen, erkläre dich vor der ganzen Welt als ein ungehorsames, trotziges, undankbares Kind, und damit holla! Nun weißt du meine Willensmeinung, mit aller Langmuth, und Sanftmuth die ein Mensch nur haben kann.

Nantchen. (immer ruhig) Freylich, lieber Onkel, freylich.

Kegel. Siehst du, daß du mir selbst Recht geben mußt! Also Ordre parirt! Dein Bräutigam ist gefunden; der Oberst wird ihn dir vorstellen, und du giebst ihm die Hand, so wie er eintritt. Auf der Stelle sollst du ihm um den Hals fallen. So will ich's haben, oder ich werde aus dem sanftmüthigen Onkel ein wilder Löwe, ein Tieger, ein Wolf — das zur Nachricht.

Nantchen. Gelassen, lieber Onkel! Sie sind ja schon wieder Feuer und Flammen.

Kegel. Wer? ich? ich? ich? Es ist zum Rasend werden. Ich bin kalt, wie Eis; mein Blut fließt, wie Schildkrötenblut; kein böses Wort geht aus meinem Munde. Und — ich bitte dich Mädchen, treib mich nicht auf's äußerste! Sieh, ich möchte ersticken vor Zorn, und doch halt' ich an mich. Ich möchte die den Hals umdrehen, und stecke meine Hand in die Westentasche. Ist das nicht Sanftmuth, ist das nicht Güte, ist das nicht väterliche Nachsicht? Rede, du boßhafte Taubstumme, thu deinen Mund auf, du phlegmatischer Trotzkopf! Sieh', ich gebe dir die besten Worte — und doch! — Nante, Nante, meine Hände wollen mit Gewalt aus der Tasche. Gieb Antwort! willst du ihn nehmen?

Nantchen. Aber, lieber Onkel, ich muß ihn doch erst sehen.

Kegel. Sehen? erst sehen? Sieh' doch! Nun sollst du ihn gar nicht sehen, in deinem ganzen Leben nicht, ihn doch heirathen.

Nantchen. (lachend) Nun, lieber Onkel, so geb' ich den Kauf ein.

Kegel. (voller Freude) Gehst du? Scharmantes Mädchen! Ja du bist gut, das hab' ich immer gesagt. In der ganzen Welt gibt's kein gehorsameres Kind — Aber eine Wetterhexe bist du — läßt mich da zappeln und pappeln — und am Ende —

Nantchen. Lieber Onkel, Sie werden doch nicht! —

Kegel. Böse drüber werden? Nein, mein Goldmädchen! Es ist mir lieb, daß du mich ein Bischen zum Besten gehabt hast. Die Freud' ist desto größer. Sollst einen Kuß dafür haben. (küßt sie.)

Nantchen. (ängstlich) Aber lieber Onkel!

Kegel. Aberst du schon wieder! (hält ihr den Mund zu) Keinen Mucks! du bist ein liebes, süßes, gutes, gehorsames Kind, dabey bleibts. Gleich will ich hinschicken und ihn hohlen lassen; gleich sollt ihr die Ringe wechseln. In acht Tagen ist die Hochzeit, und ich führ' dich zum Schemel. Juchhe, mein Nantchen ist eine Braut, mein Goldmädchen wird Frau von Dahlbeck! Gleich soll er hier seyn, den Augenblick will ich zu ihm schicken. Vivat das neue Brautpaar! (hüpfend ab.)

Zweyter Auftritt.

Nantchen.

Was fehlt dem Manne? Ich glaube wahrhaftig, er hat heute von seinem Tokayer ein Glas zu viel getrunken. Mich so entsetzlich mißzuverstehen! Ein schönes Rührey, das ich mir da eingequirlt habe. Aber ausessen mags, wer will, ich danke gehorsamst. Ich bedaure, lieber Onkel! mein Herz ist sonst ein gutes Ding, aber für Ihren Dahlbeck gibt es einmahl keinen Platz darin. Aber, Nante, leg' einmahl den Finger der Betrachtung an deine Nase, und frag' dein Herz ganz ernsthaft, warum ist kein Platz da? der Posten ist doch nicht schon besetzt? (tief seufzend) Ach! — So? geht es aus dem Tone? Ey, ey, liebes Herz! das klingt verzweifelt verdächtig! Und wer hat dich denn besetzt, du leichtsinniges Ding von einem Herzen? (Dombach tritt ein) O weh! ich glaube wahrhaftig, da ist der böse Kobold selbst, der darin herum spukt. (sie will sich entfernen.)

Dritter Auftritt.

Nantchen, Dombach.

Dombach. Verzeihen Sie, mein Fräulein, wenn ich Sie noch auf einige Augenblicke um die Ehre Ihrer Gegenwart bitte. Ich komme von meinem Obersten.

Nantchen. Was ist zu seinem Befehle?

Dombach. (nicht ohne Verlegenheit) Ich habe den Auftrag, Sie auf den Besuch seines Sohnes vorzubereiten.

Nantchen. Ich sollte mich freuen auf diesen Besuch, Herr Adjudant, sollte den Sohn des würdigsten Mannes mit einem heitern Gesicht empfangen. Aber mein Herz weissagt mir so viel Unglück, daß die Freude keinen Raum darin hat.

Dombach. Dann, mein Fräulein, empfinden Sie in die Seele meines Wohlthäters. Ich verließ ihn in einer Stimmung, die mich bis zu Thränen rührte.

Nantchen. Wie soll ich das verstehen?

Dombach. Mein Wohlthäter hat einen Sohn wiedergefunden, aber, guter Himmel, was für einen! Von allem, was den Vater liebenswürdig macht, ist dieser Sohn gerade das Gegentheil. Eine gemeine, plumpe Gesichtsbildung, eine rauhe bäurische Stimme, platte, tölpische Sitten, gänzlicher Mangel an Kultur in Ton und Anstande. Denken Sie sich das alles bey einander, und Sie haben das getreue Bild des Unwürdigen, den mein würdiger Oberst Sohn nennen soll.

Nantchen. (seufzend) O mein ahndendes Herz! —

Dombach. Ich weiß nur wenig von diesem Sohne. Nie hab' ich den Obersten von ihm sprechen hören, bis wir nach Deutschland kamen. Da erwachten seine Vatergefühle; da sehnte, wünschte er das Leben, den Anblick eines Sohns, dessen erste Kindheit, wie er sagte, ihm so viel Freude gewährte, den feinsten Geist und das biederste Herz in schönen hoffnungsvollen Blüthen verkündete. Aber er fand nicht, was er hoffte, nicht, was er verließ. Die plumpe Hand des Erziehers verbunzte das schöne Naturwerk, und schuf das edle Menschenbild zu einer Karrikatur seiner Mache um.

Nantchen. Armer Vater! Sein Leiden läßt mich das meine vergessen.

Dombach. Das Ihre?

Nantchen. Es ist wahr, Sie wissen noch nicht. Dieser wieder gefundene Sohn ist mir zum Manne bestimmt.

Dombach. (mit Interesse forschend) Von dem Obersten?

Nantchen. Hauptsächlich von meinem Onkel. Er und der Oberst sind alte Freunde. Diese Heirath sollte das Band der Freundschaft zwischen ihnen noch fester knüpfen. Ein dunkles Vorgefühl versprach mir von dieser Verbindung nie etwas Gutes. Meine Ahndungen sind erfüllt, und diese Bestätigung derselben würde mich ganz niederschlagen, wenn nicht das vortreffliche Herz des Obersten mir Muth einflößte. Gewiß er wird sich meiner gegen meinen Onkel annehmen. Nein, durch diesen Sohn wird er nicht mein Vater werden wollen. Ich wenigstens kann durch ihn nicht seine Tochter werden — nie! Mein Herz — (hält plötzlich inne, über sich selbst bestürzt.)

Dombach. (rasch auf sie zutretend, schnell ihr in die Rede fallend, aber Blick und Ton äußerst bescheiden) Ist vielleicht nicht mehr frey?

Nantchen. (durch diese Frage überrascht, mit einem Tone, der weder abschrecken, noch aufmuntern will) Herr Adjudant — Sie —

Dombach. (schnell vollendend) Vergessen sich, wollen Sie sagen? Sie haben Recht. (sich beschämt zurück ziehend) Meine Frage war eben so unbescheiden, als unbesonnen.

Nantchen. (mit Delikatesse und Schonung) Das wollt' ich nicht sagen.

Dombach. Ich erkenne Ihre Güte, mein Fräulein! Sie wollen mich nicht beschämen, und werfen den Mantel der Huld über meine Unbescheidenheit. Tausend Dank dafür! (ihr die Hand küssend, indem er ihre Hand in der seinigen behält, und sie betrachtet) Glücklich der Mann, den diese liebe Hand durch das Labyrinth dieses Lebens führt! — (mit steigendem Enthusiasmus) Überall scheint ihm die Sonne, überall blühen Blumen auf seinem Wege. Wie könnt' es Nacht seyn, wo diese Augen lächeln? wie könnten Dornen den Fuß ritzen, wo diese Hand Rosen säet? Verwebt in Eins mit der schönen Seele, die aus diesen hellen Spiegeln (ihr in die Augen blickend) herablächelt, verschmolzen in dieß edle Herz, das sich so rein und offen auf diesen lieblichen Lippen entfaltet, Arm in Arm —

Nantchen. (in reizender Verwirrung, entzieht ihre Hand sanft, kann aber nichts hervorbringen, als) Herr Adjudant! —

Dombach. (der ihre Hand fahren läßt, schlägt die Augen nieder) Mein Herz hat mich überrascht. Ach! es ist so schwer, seiner Empfindung immer Meister zu seyn. (indem er sich zurückzieht) Lassen Sie mich nur nicht ohne Ihre Verzeihung von Ihnen gehen!

Nantchen. (schnell, und sich verrathend) Wofür Verzeihung? Sie haben mich nicht beleidigt. (rasch abbrechend, und in einen freyen Ton übergehend) Sagten Sie nicht, Sie wollten den jungen Dahlbeck —

Dombach. Herr von Werben wird die Ehre haben, ihn vorzustellen. Für mich ist's besser, ich entferne mich.

Nantchen. Und, wenn ich Sie bitte, es nicht zu thun —

Dombach. (feurig) So werd' ich bleiben. Jede Minute in Ihrer Gesellschaft ist kostbarer Gewinn für mein Leben. Meinen Empfindungen werd' ich gebiethen, nicht laut zu werden. Darf ich Sie doch sehen und hören! O möchten Sie so glücklich werden, mein Fräulein, als ich es wünsche, (sich von ihr abwendend) und ich es nicht mehr werden kann!

Nantchen. (von seiner Rührung angesteckt, läßt ihre Hand sanft auf seinen Arm fallen) Ich schätze Sie hoch, Herr Adjudant!

Dombach. (mit Entzücken ihre Hand küssend) Ich kann nur stumm danken.

Nantchen. (in schöner Verwirrung) Ich höre kommen.

Dombach. (läßt ihre Hand fahren. Beyde können ihre Verlegenheit nicht bergen.)

Vierter Auftritt.

Vorige, Pinchen.

Pinchen. Bist du da, Nantchen? — (sie wird Dombach gewahr) Ja so, nicht allein! Scharmant! Der Bräutigam im Anzuge, und die Braut in einem Tete a Tete mit einem jungen Offizier vor der Hochzeit! Das nenn' ich Kultur des Geistes und des Herzens! Ha, ha, ha! Wie sie da stehen, die beyden Unschuldsphysiognomien! Sie möchten mich gern Lügen strafen, wenn ihr Gewissen sie nur dazu kommen ließe. Nicht wahr, ich komme sehr ungelegen? meine hochweise Gesellschaft wäre wohl zu entbehren gewesen?

Dombach. Fräulein! ⎫
Nantchen. Schwester! ⎬ (zusammen.)

Pinchen. So einsylbig? Ey, ey, junger Herr, mit den goldnen Flügelchen am Rücken, den Spitzbubenaugen im Kopf, und Pfeil und Bogen in der Hand! treibst du solchen Hokuspokus? Das laßt mir einen Taschenspieler seyn! Hat er, so wahr ich lebe, den lieben jungen Leuten die Zunge aus dem Munde in die Augen praktisirt. Bey allen Grazien! Da steht das Spitzköpfchen von Liebesgott, hebt die goldnen Flügelchen, stellt die kleinen Händchen in die Seite, und lacht wie ein witziger Kopf, der eben ein Bonmot zu Markte gebracht hat.

Nantchen. (in der Verlegenheit) Wo?

Pinchen. Wo? Ha, ha, ha! über die naive Frage! (sie führt sie zum Spiegel) Hier, mein liebes Turteltäubchen, hier in dem äußersten Winkel deiner allerliebsten Augen. Da sieh' nur, er lacht dir grade unter die Nase. (nimmt Dombach bey der Hand, und führt ihn auch zum Spiegel) Wollen Sie ihn nicht auch sehn? Wunder über Wunder! nun sitzt er in Ihren Augen. Ey du gewaltiger Luftspringer! in einem Nu hier, in einem Nu da! (beyde schlagen die Augen nieder) Nun, mein verstörtes sittsames Pärchen! was haben denn Ihre scharmanten Guckäugelchen auf der Erde zu thun? Sie suchen doch keine Stecknadeln? (sie tritt zwischen sie) Das leid' ich nicht! grad' aufgesehen! (richtet ihnen die Köpfe in die Höhe, daß sie sich ansehen müssen, und guckt dann beyden in die Augen) O weh, da ist der Gauner, Kupido, in duplo (mit beyden Zeigefingern deutend) da und da! (indem sie bedeutend die Hand jedem auf die Augen legt) Ihr armen Kinder, euch müssen die Augen weh' thun.

Nantchen. (sich ärgerlich von ihr abwendend) Pinchen, dein Muthwille tritt einmahl wieder gewaltig aus dem Gleise.

Pinchen. Das thut er öfter, Nantchen! Wer kann für seine Natur? Der Muthwille, sagt Werthen, war mein Vater, die Unbesonnenheit meine

Mutter, meine Amme die Laune, und die Schnurren meine Gespielinnen. Aber dafür hatt' ich auch die Gutmüthigkeit zur Gouvernante, die denn ehrlich verbesserte, was Papa, Mama, und Spielkameraden schlimm gemacht hatten. — Und so, theurer Gefährte meiner theuren Persönlichkeit, mein zweytes werthes Ich, vielgeliebter Muthwille, bucke dich einmahl wieder unter den Kommandostab deiner Hofmeisterinn, Gutmüthigkeit! habe das arme Herz von deiner sittsamen Schwester nicht länger zum Besten, und mach' einen respektuösen Knix dem Herzen in Offizieruniform! — — (gutmüthig, aber noch immer mit Laune) Hört mich, Kinder! ich hab' euch zwar nicht unter meinem Herzen getragen. — Aber, doch hab' ich euch lieb, und will euch auf meinen Händen tragen, so schwer ihr auch seyd. Daß ihr Lust zu einander habt, ist gewiß; daß ihr einander bekommt, soll gewiß werden: das schwör ich euch bey der Herrschaft über die Männer, die uns nicht gehört, bey den mancherley wunderlichen Grillen und Einfällen, die das Erbtheil unsers Geschlechts sind, und endlich bey der Gewandtheit, Feinheit, und Unergründlichkeit unserer Natur, die unsern Philosophen und Anbethern ein Räthsel ist, und bleiben wird bis zu ewigen Zeiten.

Nantchen. Schäkerinn!

Pinchen. Sonst nichts? Und Sie, Herr Soldat! verdient meine mütterliche Sorgfalt keinen Dank?

Dombach. Wie könnt' ich es wagen, ein Glück, wie dieß, auch nur zu träumen!

Pinchen. So wenig Vertrauen setzen Sie in meine Verheißungen? Nun denn, Ihrem Unglauben zur Nachricht: der Bräutigam in Vorschlag wird nicht angenommen; ich leide keinen Unhold in der Familie, und sage zu keinem Meerkalbe, Herr Bruder.

Nantchen. Du weißt also schon?

Pinchen. Daß dein bestimmter Bräutigam eine Art Wechselbalg ist? Allerdings! diese Augen haben ihn gesehen, diese Ohren ihn gehört. Du kennst das Rhinoceros nur aus Büffons Naturgeschichte; hier kannst du's sehen wie es leibt und lebt; und eine Lache schlägt es auf, daß selbst die Taubheit sich die Ohren zuhalten muß.

Dombach. Herr von Werden hat ihn also bereits eingeführt?

Pinchen. Hier noch nicht. Aber vermuthlich wird er nicht lange bleiben. Ich habe den allerliebsten Amoroso nur im Vorbeygehn gesehn. Ich war bey Tante Waldbach zum Besuche. Wie ich nun auf den neuen Markt komme, hör' ich ein Gelächter, über das ein Kutscher, der neben mir vorbey führt, die Peitsche für Schrecken fallen läßt. Ich sehe mich um, und siehe da, in einiger Entfernung von mir steht Herr von Werden; neben ihm ein Ungethüm, das einen rothen Rock anhatte mit goldenen Tressen, Chapeau bas, und einen langen Degen an der Seite. Vermuthlich hatte er einem Hökerweibe ihre Eyer- und Zitronenkörbe umgeworfen, denn mit beyden war der Boden bedeckt. Das Quasimenschenantlitz im rothen Rocke blackert über die zerschmetterten Eyer, und die herum-

Der verlorne Sohn.

rollenden Zitronen auf, daß alle Leute um ihn stehen bleiben. Die Höfinn schimpft; Werden stampft mit den Füßen, und schreyt, außer sich vor Zorn: „Herr von Dahlbeck!" Ich messe das rothröckige Ungeheuer noch einmahl mit großen Augen, rufe mit Hallern: „Unseligs Mittelding vom Menschen und vom Vieh!" biege in ein Seitengäßchen, und laufe, was ich kann, um diese Krone aller Liebhaber in allen fünf Laden der Erde bey dir anzumelden.

Nantchen. Liebhaber? Nimmermehr! Ach! meine Ahndungen haben mich nicht betrogen. Bedaure mich, Pinchen, und rette mich!

Pinchen. Ey was bedauern und retten? Hier steht dein Retter; wirf dich ihm in die Arme. Durch Drachen und alle Arten reißender Thiere wird er dich davon tragen, und wenn zehn Onkel deine Thür belagerten.

Nantchen. (ärgerlich.) Du kannst doch auch nicht einen Augenblick ernsthaft seyn.

Pinchen. Ich bleibe gern meiner Natur getreu. Ernst und ein Frauenzimmer, das reimt sich just, wie Lieb' und Vernunft. Ernst zieht Falten auf die Stirne, und Falten machen alt. Hilf Himmel! ich sollte, dem Ernste zu Gefallen, wie eine alte Jungfer aussehn? Eine alte Jungfer, bedenken Sie nur! man kriegt das kalte Fieber, wenn man das Wort nur ausspricht. — Nein, ich halt' es mit der Fröhlichkeit; sie führt uns tanzend durch's Leben, setzt muthig und leicht über jeden Höker auf der Lebensstraße hinweg, und glitscht man auch zuweilen bey so einem Sprunge, und zerschlägt sich die Nase, was thut's?

Riskir die Nas', und schon' das Bein!
Vom Nasenblut wäscht Wasser rein —
Doch Beinbruch, Gott genade!
Ein hölzern Bein steht herzlich schlecht,
Und ach! dich führt kein Jungfernknecht
Mehr auf die Maskerade.

Nantchen. (noch immer nicht besänftigt.) Viel Witz, oder wenig Wahrheit.

Pinchen. Du scheinst es ja ordentlich mit dem Witze zu haben. Indeß soll er dir doch dießmahl große Dienste thun. Es bleibt beym Alten: ich bringe dem Onkel sein tolles Heirathsproject aus dem Kopf, und wenn ich das Kalb aus dem Monde, selbst zum Manne nehmen müßte. Erst steck' ich mich hinter den Obersten; und hab' ich den herum gebracht, so nehm' ich den Onkel in die Kur. —

Dombach. (sich vergessend.) O mein Fräulein! wenn das Ihr Ernst wäre?

Pinchen. (schalkhaft.) Was?

Dombach. (verlegen.) Daß diese Heirath — daß Ihr vortreffliches Fräulein Schwester —

Pinchen. Sich Ihnen an den Hals würfe? Nun freylich ist das mein Ernst, und wenn sie nicht will, so werf ich sie Ihnen an den Hals, und der Onkel und der Oberst dazu. Es liegt mir daran, das superkluge Ding einmahl los zu werden. (man hört ein schallendes Gelächter.) Aha! Schwager Rhinoceros — das ist seine feine Lache.

Nantchen. O weh!

Fünfter Auftritt.

Vorige. v. Werden, und Lips.

Lips. (indem er eintritt, Pinchen und Nantchen starr anglotzend.) Blitz, Vetter! das sind hübsche Mädchen!

v. Werden. Meine Damen! der Herr von Dahlbeck. (Pinchen und Nantchen verbeugen sich, Lips macht viele, aber sehr ungeschickte Komplimente, und scheint besonders an Pinchen viel Geschmack zu finden, die er immer angafft.)

Pinchen. (heimlich zu Werden.) Ich gratulire.

v. Werden. Wozu?

Pinchen. Zum Avancement.

v. Werden. Avancement?

Pinchen. Nun, sind Sie nicht Bärenführer geworden?

v. Werden. Ha, ha, ha! Ja wohl! ja wohl!

Lips. (auf Pinchen deutend, zu von Werden.) Hören Sie, Vetter! die da sieht recht schnurrig aus.

v. Werden. Das hat sie mir eben von Ihnen gesagt.

Lips. (lacht laut auf.) Ha, ha, ha!

Nantchen. Meine armen Ohren! (sie zuhaltend.)

Pinchen. (heimlich zu Nantchen.) Nun, wie gefällt er?

Nantchen. Ist es denn wirklich ein Mensch?

Pinchen. Er passirt dafür.

Nantchen. Unerhört!

Lips. (der Pinchen nicht mit den Augen verlassen

hat, zu Werden.) Was hat sie denn mit der andern zu plaudern?

v. Werden. Weiß nicht. Aber ich vergesse, daß ich Sie Ihrer Braut vorstellen soll. (Lips guckt immer nur nach Pinchen) Schönes Nantchen, Sie sehen hier den Mann, der Sie aus der Dämmerung des jungfräulichen Lebens, wo man nur hofft und sehnt, in das helle Licht des Ehestandes führen soll, wo man im Besitze vergnügt ist. Ein geflügelter Bothe Ihres Onkels hat meinen Onkel von der Heftigkeit Ihres Verlangens, dieses Kleinod von Angesicht zu Angesicht zu sehen, benachrichtiget; ich überliefere es hiermit in Ihre Hände. (zieht Lips, der Pinchen noch immer mit offenem Munde anstarrt, zu Nantchen, und buckt ihn auf die Knie.)

Lips. Das war grob, Vetter! Sie verderben mir meine ganze Frisur, und meine Knie thun mir weh, als wenn ich auf Erbsen gekniet hätte. (zu v. Werden heimlich und mit dem Finger auf Pinchen deutend.) Vetter, das ist gewiß meine Braut?

v. Werden. (ihm leise antwortend.) Nein, junger Herr! das ist meine.

Lips. Vetter! Sie haben sich was Hübsches ausgesucht. Hohl mich der Henker, sie gefällt mir. Ich will zu ihr hingehen, und sie fragen, ob ich ihr auch gefalle.

v. Werden. (kalt.) Das können Sie thun.

Lips. (stellt sich vor Pinchen hin.) Hören Sie, ich bin wohl viel in der Welt herum gewesen, von der Vorstadt in die Stadt, von der Stadt in die Vorstadt, in allen umliegenden Dörfern, und dann noch in der kleinen Stadt, zwey Meilen von hier, wo alle halbe Jahre großer Viehmarkt ist. Mein Vater, den aus dem goldenen Pelikan mein' ich, nimmt mich immer mit.

Pinchen. Zum Verkauf?

Lips. (der sie nicht versteht.) Warum nicht gar! Vater verkauft nicht, Vater kauft.

Pinchen. (mit angenommener Einfalt.) Was denn?

Lips. J, zum Henker! wie können Sie nur so fragen? Vieh kauft er.

Pinchen. Und hat Sie?

Alle. (lachen.)

Lips. (lacht mit.) Ha, ha, ha! Das war gut! Sehn Sie, wie Sie ausgelacht werden! Freylich hat er mich, sonst könnt' er mich ja nicht mitnehmen. Sehen Sie, da kaufen wir selte Ochsen, und ich, ich setze mich darauf, und reite sie nach Haus. Hören Sie, das ist ein Hauptspaß! So 'n Ochs ist ein wildes Thier, und macht verteufelte Kapriolen, und springt, und wirft die Hörner. Aber man muß ihn nur recht packen, und ihm den Kopf brav schütteln, da gibt's sich. Aber das muß ich Ihnen sagen, im ganzen Hause weiß kein Mensch so gut mit den Ochsen umzugehen, als ich.

Pinchen. (mit einem Tone, als ob sie es ohne Beziehung sagte.) Das sieht man Ihnen an!

Lips. Meinen Sie? Ja Sie können's glauben, die Ochsen haben ordentlich Respect vor mir. Wenn sie noch so wild und in vollem Rennen sind, und ich packe sie bey den Hörnern, bums! stehen sie, wie die Mauern.

D

Pinchen. (wie oben.) Das sind kluge Thiere; die kennen ihre Leute.

Lips. Da sagen Sie ein wahres Wort. Ich darf mich nur sehen lassen, so stutzen sie, und gehen mir aus dem Wege.

Pinchen. (wie oben.) Das begreift sich: sie denken, cede majori.

Alle. (lachen.)

Lips. (lacht mit.) Ha, ha, ha! Das war gut. Die Ochsen sehen mich für einen Major an; das war hübsch gesagt! Aber, zum Henker, über die Ochsen vergaß ich, daß ich Ihnen was zu sagen hatte.

Pinchen. (etwas beziehender und bitter.) Ja, es ist freylich gar nicht bescheiden, daß Sie so viel von sich selbst reden.

Lips. Ja, zum Henker, da sind Sie selber Schuld dran. Warum bringen Sie mich auf die Ochsen? Also, meine Rede nicht zu vergessen, ich habe schon recht viel hübsche Gesichter gesehn; aber so was hübsches, wie Sie, noch in meinem Leben nicht. Hören Sie, Sie gefallen mir ganz horribel, und da wollt' ich Sie nur fragen, wie ich Ihnen gefalle?

Pinchen. O auf dem Markt in der kleinen Stadt, zwey Meilen von hier, müssen Sie sich recht hübsch ausnehmen.

Lips. Ha, ha, ha! Das war gut! (er kehrt sich von Pinchen ab, und sieht Nantchen an.) Bliß! die ist auch hübsch; die ist noch hübscher, als die andere. — Vetter! ist das meine Braut?

v. Werden. Bestimmt ist sie Ihnen.

Lips. Nun, da soll sie, hohl mich der Henker,

auch meine Braut werden. Hören Sie, Sie niedliches Ding! Ich bin der junge Herr von Dahlbeck, und mein Papa ist ein Officier, und will haben, daß Sie meine Braut werden sollen, und ich will's auch haben. Sagen Sie also nur gleich Ja, so ist's richtig, und wir gehn zum Papa, fallen ihm zu Füßen, küssen ihm die Hand, und er sagt meine Kinder! und Sie sagen zu mir du, und ich sag' es auch; und ich bin Ihr gnädiger Herr, und Sie sind meine gnädige Frau. Nun schlagen Sie ein! (hält ihr die Hand hin.)

Nantchen. (lächelnd und nur fein spottend.) Ihre Art und Weise, Herr von Dahlbeck, ist etwas hastig. Alle Achtung für die Absichten Ihres Herrn Vaters, und allen Respect für Ihre dargebotbene Hand. Es ist eine sehr gehorsame, dreiste, und originelle Hand; aber die meinige paßt schwerlich darein. Meine Hand ist äußerst bedächtig, hält erstaunlich viel auf Überlegung, und sympathisirt nicht gleich mit jeder fremden, die ihr auf ihrem Wege entgegen kommt; sie mag ihre Hände gern erst kennen lernen, ehe sie einschlägt. Für's erste, Herr von Dahlbeck, werd' ich sie also wohl noch für mich behalten. Sie ist meine alte Freundinn; wir sind zusammen aufgewachsen: lassen Sie uns immer noch ein wenig bey einander.

Lips. (der jetzt erst seine Hand zurück nimmt, und Nantchen mit keinem Blicke verlassen hat, zu Werden.) Die spricht mahl viel. Aber's klingt hübsch. Wenn ich nur wüßte, was sie mit dem ganzen Händeschnack will. Ich verstehe kein Wort. Haben Sie's verstanden?

v. Werden. O ja. Soll ich's Ihnen übersetzen?

Lips. O ja, Vetterchen! lassen Sie hören!

v. Werden. Sie will Sie nicht.

Lips. Ach! gehen Sie weg. Papa will's ja haben. Und hat sie nlcht ordentlich nach mir geschickt? Sie waren ja dabey, wie der Brief ankam.

v. Werden. Das ist auch wahrhaftig wahr.

Nantchen. Ein Streich von meinem Onkel, ein unglückliches Mißverständniß! (mit einem Tone, der nicht gerne barsch seyn will.) Herr von Dahlbeck, ich weiß die Ehre Ihrer Bekanntschaft zu schätzen, Sie sind der Sohn eines würdigen Mannes — aber —

Pinchen. (einfallend.) Aber lüstern waren wir eben nicht nach Ihrer Bekanntschaft.

Nanchten. (mißbilligend) Pinchen!

Pinchen. Wozu Verstellung? Herr von Dahlbeck ist ein offenherziger junger Kavalier, der gern hört, wie's einem ums Herz ist.

Lips. Das muß wahr seyn.

Pinchen. Man sagt ihm also gerade heraus, daß die Welt groß ist; daß er nur wieder reisen darf, zu suchen, was er hier nicht findet. Er ist ein hübscher, starker, wohl conditionirter junger Herr. Ein kleiner Korb wird seinem Rücken nicht schwer werden; und in der kleinen Stadt, zwey Meilen von hier —

Lips. Aber, zum Henker, ich will eine Frau, und keine Kuh. Immer kommen Sie mit dem Vlehmarkt, und immer haben Sie's große Wort. Sie sind recht hübsch; Sie mögen auch wohl recht klug seyn. Aber das Plappermaul steht Ihnen nie stille, und das ist nicht hübsch, mit Verlaub. Es ist mir recht lieb, daß ich Sie nicht bekommen kann. Bewahre! da kdm' ich nie zu Wort, und ich plaudre so gern, wie Sie.

v. Werden. (halb für sich.) Seh' einer, der Tölpel wird ordentlich witzig.

Pinchen. (die es gehört hat.) Nun, wenn das Witz ist, so gleicht er seinem Urheber: er ist gerade so breit und so stämmig, wie er silbst.

Lips. (zu Dombach, der sich mit Nantchen unterhält.) Sie, hören Sie, machen Sie mir das hübsche Mädel nicht abspänstig, oder ich sag's meinem Papa. Doch nein, das ist garstig Ich habe das Klatschen mein Tage nicht leiden können, und ich bin Ihnen gut. Aber nur müssen Sie mir auch gut seyn, und das hübsche Mädel bitten, daß sie mich nimmt. Hören Sie, je mehr ich sie ansehe, je mehr gefällt sie mir. Sie sieht so reptirlich aus, und wenn sie spricht, so setzt sie die Worte so hübsch. Ich merke nun wohl, sie ist noch ein Bißchen zu — wie soll ich schon sagen? zu manierlich für mich, und ich passe nicht recht zu ihr. Hören Sie, wenn ich doch so werden könnte, wie Sie! Ich denke, ich wollte ihr gefallen. Mit Ihnen spricht sie gern, das seh' ich ihr an den Augen an.

Dombach. Es freuet mich, Herr von Dahlbeck, daß Sie das Bedürfniß fühlen, artiger zu werden, wenn Sie dem Fräulein gefallen wollen. Sehr gern biethe ich Ihnen meine Hand dazu.

v. Werden. Bravo, Vetter! mit dem Vorsatz kann noch was aus Ihnen werden.

Lips. Meinen Sie? Nun, Vetter, hobeln Sie auch ein Bißchen an mir, und Sie mit dem Spitzmäulchen auch. Ich will mir's gern gefallen lassen, daß Sie mich auslachen, wenn ich was Dummes sage. Ich möchte gar zu gern, daß mich die Kleine da leiden könnte. Und, hohl mich der Henker, ich bin ein recht gutes Thier, und gar nicht hochmüthig. Nu, geben Sie mir alle die Hände, daß ich kein Tölpel mehr seyn soll. (Sie thun's, Nantchen ausgenommen.) Nu wollen Sie mir nicht auch die Hand drauf geben? bitte, bitte!

Nantchen. (reicht ihm die Hand) Das von Herzen gern.

Lips. (küßt ihr die Hand) O das ist scharmant!

v. Werden. Ein gutes Thier ist er wirklich.

Pinchen. Mehr wird er aber auch nie werden.

Lips. (sich gegen alle beugend) Ich bedanke mich auch vielmahls. Da, Vetter, haben Sie einen Kuß, und Sie auch Herr Adjudant, (küßt sie) und Sie auch, Frzmäulchen! (springt auf Pinchen zu; Pinchen tritt zurück, und er fällt auf die Nase.)

(Allgemeines Gelächter.)

Lips. (indem er aufsteht) Sapperment! Ich habe mir die ganze Nase zerquetscht. Und nun lachen Sie mich noch aus. Aber lacht nur! warum bin ich so ungeschickt! (halb weinerlich zu Werden) Vetter, aus mir wird wohl mein Tage nichts werden?

v. Werden. Leicht möglich! ha, ha, ha!

Sechster Auftritt.

Vorige, Oberst von Dahlbeck, Rath Kegel.

Lips. Ach, da ist ja mein neuer Vater. Gnädiger Herr Papa, hier lachen sie mich recht aus.

Kegel. Ist er das, alter Freund? ist er's?

Oberst. (sehr niedergeschlagen mit einem tiefen Seufzer.) Ach ja!

Kegel. (sehr sprudelnd und rasch hinter einander.) Was? und man untersteht sich, deinen Sohn auszulachen? Nur Geduld, alter Freund! sollst Satisfaction haben. Wer hat's gethan? wer hat die Frechheit gehabt, so den Respect aus den Augen, zu setzen, gegen meinen alten Freund seinen Sohn, gegen mich? Nur heraus mit der Sprache, junger Herr! Ich will ein Exempel statuiren, will drunter fegen, daß kein Stein des Hauses auf dem andern bleiben soll. Wer ist's gewesen, wer hat Sie ausgelacht?

Lips. Ach alle, wie sie sind.

Kegel. (immer heftiger und polternder) Alle? Alle? Alle? Das ist zu toll! und dabey soll man gelassen bleiben! darüber soll man sich nicht ärgern! Aber ich will nicht gelassen bleiben, will mich ärgern. Wie, ihr ungezognen Mädchen, ihr Grundübel des menschlichen Lebens! ihr untersteht euch, den goldnen Sohn meines goldnen Freundes auszulachen? Und Sie, Herr von Werden, Sie weisen die nasewelsen Dinger nicht zurecht, helfen gar mit? das hätt' ich Ihnen nicht zugetraut, hätte Sie für gescheider gehalten. Wahrhaftig, wüßt' ich nur, wie ich sonst den großen Selbsd nabel da (auf Pinchen deutend) los werden sollte, Sie dürften mir nicht mehr ins Haus kommen, keinen Fuß über meine Schwelle setzen.

Lips. Blitz! was schreyt und spektakelt der alte Mann. Hören Sie, Sie sollen mir keinem Menschen was thun, das sag' ich Ihnen. (böse werdend) Ich bin ein gutes Schaf, aber wenn mir die Laus über die Leber läuft, da werd' ich grimmig wie ein Bär. (auf seinen Degen zeigend) Hohl mich der Henker, ich zieh' vom Leder, wenn Sie noch lange so schreyen. Ich will ausgelacht seyn, partout! Ich habe sie darum gebethen, daß sie mich auslachen sollen, und will mahl sehn, wer's ihnen verbiethen soll. (pustet in lächerlichem Zorn.)

Oberst. (Regel um den Hals fallend) Ach! ich bin ein unglücklicher Vater.

Regel. (ganz verdutzt) Was, Henker, ficht deinen Jungen an, alter Freund? Ich will ihn in Schutz nehmen, und er wird grob; ich ereifre mich über ihn, daß mir die Glieder zittern, und er nimmts übel, schlägt mir Schnipschen unter die Nase! Teufel, wenn ich nicht so gelassen wäre, ich könnte vergessen daß er dein Sohn ist.

Oberst. (mit weichem wehmütigem Ton) Ach möcht' ich's doch selbst vergessen können! Du siehst nun, mein Unglück ist gewiß.

Lips. O jemine, mein gnädiger Herr Papa sieht recht grämlich aus. Hohl mich der Henker, er weint ordentlich. (weinerlich) Hab' ich Ihnen was zu Leide gethan, alter Herr? bitt um alles in der Welt, seyn Sie nur nicht böse. (geht auf den Ober-

Der verlorne Sohn.

ſten zu; dieſer wendet ſich von ihm) Ganz gewiß bin ich wieder ein Hans Ungeſchickt geweſen. (fällt auf die Knie) Ach du lieber Himmel, ich kann ja nicht dafür. Warum hat mich der Tölpel, mein voriger Vater, nicht beſſer erzogen!

Oberſt. (gerührt) Er hat Recht. Steh' auf, ich vergebe dir. Das Unglück iſt einmahl da, und ich will's tragen, wie ein Mann: ſtehe nur auf!

Lips. Ne, Sie müſſen abſolut nicht mehr böſe ſeyn. (fällt ihm plump um den Hals.)

Oberſt. Ich bin's nicht. (reicht ihm die Hand.)

Lips. (küßt ſie ihm) Puh! da fällt mir ein rechter Stein vom Herzen. Ne, böſe muß kein Chriſtenmenſch auf mich ſeyn.

Kegel. Es iſt doch ein recht gutes Menſchenkind, dein Sohn, alter Freund! Freylich ein Bißchen rauh; ein Bißchen eckicht. Aber das wird ſich abſchleifen, ſoll ſich abſchleifen, (wieder in die Hitze kommend) und er ſoll das Mädchen haben, euch allen zum Trotz, ihr naſenweiſen Lacher! Ich will mich nicht ärgern, will nicht ſchreyen und poltern, will's euch mit kaltem Blute ſagen: die Heirath kömmt zu Stande, oder ich jag' euch alle zum Hauſe hinaus, wie ihr da ſeyd.

Pinchen. Lieber Onkel, Sie ärgern ſich ſchon wieder, und der Doktor hat es Ihnen doch ſo oft geſagt, daß der Ärger Ihrer Geſundheit ſchadet, daß Sie's (ſehr raſch hinter einander fort) Gallenfieber bekommen können, das Faulfieber, das Fleckfieber, das weiße und rothe Frieſel, daß Sie der Schlag treffen kann.

Kegel. Der Schlag? Ach ich unglücklicher

Mann! Pinchen, fühle mir doch geschwind den Puls, ob er nicht etwa fieberisch schlägt? Sieh' doch meine Hand recht an! ob nicht etwa ein Ausschlag zwischen der Haut steckt? Nun so fühl doch, so nimm doch! Ihr bringt mich noch unter die Erde mit eurer gottlosen Fühllosigkeit.

Pinchen. (mit Karrikatur den Puls untersuchend) Ja, lieber Onkel, Ihr Puls ist wirklich sehr alterirt. Er hüpft, daß er mir die Finger wegschnellt. Sie müssen sich wahrhaftig das Lärmen und Poltern abgewöhnen; oder der Puls läuft Ihnen noch ein Mahl davon, und da können Sie sehen, wie Sie ihn wieder kriegen.

Kegel. (ärgerlich) Nun so nehm' ich die ganze Welt zum Zeugen, ob man dabey gelassen bleiben kann. Hat das heillose Geschöpf mich ordentlich noch zum Besten.

Pinchen. Behüthe, lieber Onkel! Sie selbst haben sich zum Besten, wenn sie sich die Schwindsungen- Milz- und Wassersucht an den Hals schreyen, wenn Sie die Nerven- und die Brustkrankheit, die Leberverhärtung und den Magenkrampf, das Podagra und Chiragra — das —

Kegel. (schnell einfallend, und ihr mit beyden Händen den Mund zuhaltend) Um alles in der Welt, alt dein gottloses Maul! Rennt der Beelzebub im Weiberrock, nicht da ein ganzes Register von Krankheiten her? Der Todesschweiß steht mir vor der Stirn, wenn ich sie nur nennen höre. Und ich soll ruhig bleiben? soll den Mund nicht aufthun? soll meinen Ärger in mich schlucken, meine ganze Natur umkehren? soll mir auf der Nase spielen

laſſen, und nicht muckſen? Soll? ſoll? der Teufel
ſoll. Ich will, will abſolut, und alle Krankheiten,
mit denen du mir drohſt, ſollſt du haben, du,
und noch ein halb Dutzend dazu! Und wo du nur
ein Wort dagegen ſagſt, nur eine Miene dagegen
machſt —

Pinchen. Nun, ich waſche meine Hände in
Unſchuld. Ärgern Sie ſich, lieber Onkel, zan-
ken, ſchreyen Sie, ſo viel Sie wollen, werden
Sie krank ſo viel Sie wollen, ſterben Sie, wenn
Sie wollen, ich ſage kein Wort mehr.

Kegel. Sterben? ich? der Teufel will ſterben.
Leben, leben will ich, dir, und aller Welt zum
Trotz! meinen Kopf aufſetzen, und — (kann vor
Ärger nicht reden.)

Oberſt. Wahrlich, lieber Freund, du treibſt
es zu arg. Dieſe Heftigkeit kann dir nicht gut thun,
Pinchen hat recht.

Kegel. (dekontenanzirt) Recht?

Nantchen. (ſchmeichelnd) Sie müſſen wirklich
mehr über ihr Temperament wachen, lieber Onkel! es kann kein gut Ende nehmen.

Kegel. (ganz kleinlaut) Kein gut Ende!

Dombach. Ganz gewiß, Herr von Kegel,
Sie ſchaden Ihrer koſtbaren Geſundheit.

Kegel. (ängſtlich) Meiner Geſundheit?

v. Werden. Der Tod muß Appetit zu Ihnen
bekommen, er mag wollen oder nicht.

Kegel. (immer unruhiger) Appetit zu mir?

Lips. Hohl mich der Henker, alter Herr, Sie
ſehen aus, als ob Sie eben abfahren wollten.

Pinchen. Als ob Sie sagen wollten: Adieu du Weltgetümmel!

Kegel. (ganz herunter) Ach! wenn ihr's alle sagt, so muß es doch wohl wahr seyn. (wirft sich in einen Stuhl) Nun, ich will an mich halten, will meine Hitze unterdrücken. (wieder heftiger werdend) Aber das sag' ich euch, meinen Willen muß ich haben, Nante muß heirathen — oder —

Pinchen. (kalt spottend) Nun ist der Onkel wirklich recht gelassen.

Oberst. Wenn du nur ruhig seyn wolltest! du ereiferst dich ohne Noth. Wer hat diese Heirath mehr gewünscht, als ich? Sie sollte die Freude meines Alters werden. In den Armen dieser Tochter, dacht' ich, wird sich's schön sterben. Wem diese liebe Hand die Augen zudrückt, dem muß der Tod, Schlummer werden, aus einem Engelarm in den andern. — Aber — (zu Dombach) lieber Dombach!

Dombach. Herr Oberst! (ihm näher tretend).

Oberst. (nimmt ihn bey der Hand, heimlich zu ihm) Sie sind wohl so gut, und entfernen sich mit meinem Sohne. Ich muß meinem Herzen Luft machen; aber in seiner Gegenwart will ich es nicht gern. Führen Sie ihn in die hiesige Kadettenschule, lassen Sie ihn die kriegerischen Übungen der jungen Leute sehn, vielleicht bekömmt er Lust zu diesem Stande. Die Anstalt ist vortrefflich; vielleicht daß sie ihm noch eine Art von Bildung gibt.

Dombach. Das wird sie, mein theuerster Wohlthäter! Fassen Sie Muth: Ihr Sohn hat gute Anlagen. Eine schlechte Erziehung hat sie nur unterdrückt. Es kann noch besser werden, als Sie hoffen.

Oberst. (drückt ihm gerührt die Hand, Dombach küßt sie) Guter Dombach, was gäb' ich darum, wenn Sie mein Sohn wären! (zu Lips) Mein Sohn, der Herr Adjudant wird die Güte haben, dich in die hiesige Kadettenschule zu führen. Da wirst du junge Edelleute sehen, die zu Soldaten gebildet werden.

Lips. Das ist scharmant, gnädiger Herr Papa! Ich mag für mein Leben gern Soldaten sehn. Ich will Ihnen auch hübsch wieder erzählen, was ich gesehn habe. Hohl mich der Henker, Papa, ich erzähle recht hübsch. Das hab' ich von meiner gewesenen Mutter. Blitz! die wußte mahl schöne Geschichten von der Prinzessinn Genovefa, von Käsebier, vom —

Oberst. Ach! — geh' nur.

Lips. Gleich, gnädiger Herr Papa! Adjeu, alle zusammen! (zu Nantchen) Adjeu, mein hübsches Bräutchen! (Nantchen die Hand küssend) Adjeu! (ab mit Dombach).

Siebenter Auftritt.

Vorige, außer Lips und Dombach.

Oberst. (nach einer Pause, die Anwesenden rührend anblickend.) Freund, Vetter, liebe Mädchen, reicht mir eure Hände, daß ich sie an mein Herz drücke, daß ich in euren Liebkosungen vergesse, daß meine Freuden dahin gestorben sind. Ach! noch nie ward irgend ein Mensch um seine süßesten Hoffnungen bitterer betrogen, als euer unglücklicher Freund.

Pinchen. und Nantchen. (sich theilnehmend an ihn schmiegend) Lieber Herr Oberst!

Oberst. (sie in seine Arme schließend) O wie wohl es doch einem kinderlosen Vater thut, so ein Paar freundliche, gute Geschöpfe in seinen Armen zu halten, an ihren sanften Gesichtszügen sich zu ergötzen, über ihre feine edle Sitte Freude zu haben — Ich armer! auf dieses Vergnügen muß ich nun für immer Verzicht thun.

Pinchen und Nantchen. (gerührt) Nicht für immer, lieber Herr Oberst!

v. Werden. Lassen Sie uns hoffen, bester Onkel. Das Herz Ihres Sohnes ist gut, und er hat Lust und Liebe seine rauhen Sitten abzuschleifen, seinem zurückstoßenden Aeußern, Milde, seinem unangebauten Verstande, Bildung zu geben. Mit der äußersten Gutmüthigkeit hat er uns alle gebethen, ihm dazu behülflich zu seyn.

Oberst. Das ist etwas. Aber er wird nie werden, was ich hoffte, was ich von seiner ersten Jugend hoffen durfte. Als mir mein theures Weib nach einer zehnjährigen glücklichen Ehe diesen Sohn hinterließ, was für ein liebenswürdiger Knabe war er damahls! Hatte er nicht ganz das sanfte schöne Herz seiner Mutter? entsprach nicht alles in ihm dem seinen Geiste, mit dem sie ihn erzog? Wie oft, wenn das ganze Gewicht ihres Verlustes auf meiner Seele lag, wie oft fand ich da in

seinen bescheidenen Liebkosungen, in den stillen
Äußerungen seines hellen Verstandes, in den prunk-
losen Ergießungen seines gefühlvollen Herzens, Er-
satz für das, was ich verloren hatte. — Und nun
— (die Hände in einander gefaltet und herabgesenkt,
stumm und trüb auf und nieder gehend).

Nantchen. Lieber Herr Oberst!

Oberst. Liebes Kind, ich seh' es Ihnen an,
daß Sie Theil an meinen Leiden nehmen: das
erquickt. Kommen Sie, setzen sich zu mir! Sie
sollen mir mit Ihrem sanften süßen Geschwätze
meinen Kummer vom Herzen losplaudern.

Nantchen. Gern will ich das, wenn ich es
kann. (setzt sich zu ihm.)

Oberst. Liebes Kind (ihre Hand an seine Brust
drückend) wie gern möcht' ich Sie Tochter nennen!
aber mit diesem Sohne? — (sein Blick sinkt zur
Erde; Nantchen spricht ihm leise zu.)

Kegel. Laß gut seyn, alter Freund! kann noch
alles wieder gut werden. An dem ganzen Unheil
ist niemand Schuld, als der Lump vom Schulmeister. Aufhängen sollte man ihn! Der elende
Kerl! so einen scharmanten, allerliebsten Jungen
so in Grund und Boden zu verkrüppeln, zu ver-
hunzen und zu vertölpeln! Es ist himmelschreyend!
In den Karren sollte man so einen moralischen Stra-
ßenräuber schmieden, ihn todt peitschen, und des
Landes verweisen.

Pinchen. Landes verweisen, wenn er todtge-
peitscht ist? nun lieber Onkel, das wär' ein Kunst-
stück, durch das sich die Polizey berühmt machen
könnte.

Kegel. Bist du auch schon wieder da, Fräulein Superklug? Du bist so naseweis, als wenn du in einem Philantropin erzogen wärst.

v. Werden. Wer weiß, was sie ist. Sie schwatzt zuweilen nicht schlecht in den Tag hinein, und hat ein air d'étourderie.

Pinchen. Sonderbar! und bin doch weder ein Poet, noch in meinem Leben auf Universitäten gewesen.

v. Werden. Kurios genug! denn Ihre Zunge, und ein Renomisten-Degen haben doch erstaunlich viel Ähnliches.

Kegel. Ha, ha, ha! Jungfer Vorschnell, mit dem kömmst du nicht aus! Ha, ha, ha! (klatscht in die Hände) Helft mir sie doch auslachen! komm, alter Herr, hilf mir!

Oberst. Guter Freund, ich bin nicht in der Stimmung zu lachen.

Pinchen. Auch lohnt es sich der Mühe nicht, selbst wenn Sie's wären. Man kann wohl über den Herrn von Werden, aber nur selten über seine Einfälle lachen.

Kegel. Das ist ein Teufelsmädchen!

v. Werden. Und ich sage, der Teufel selbst.

Pinchen. So nehmen Sie Ihre arme Seele in Acht!

v. Werden. Wollen Sie sie hohlen? o hohlen Sie mich lieber ganz und gar, und Sie sollen noch eine Kußhand dazu haben. (küßt ihr die Hand.)

Pinchen. Närrischer Mensch!

v. **Werden.** Wer wird das nicht, wenn er
Sie liebt?

Kegel. (der den Obersten und Mantchen in einer interessanten Unterhaltung sieht) Nun, alter Freund, trägt deine Konversation mit der kleinen Hexe da Früchte? Plaudert sie dir das Herz leichter? Schlägt der kleine Trotzkopf endlich ein? Kriegt er Lust zu dem Nahmen: Frau von Dahlbeck? Wann ist Verlobung, wann Hochzeit?

Oberst. Du bist etwas hastig, mein Freund! Von dem allen war unter uns da nicht die Rede. Bedenke nur!

Kegel. Nichts zu bedenken. Bey mir ist längst bedacht worden. Dein Junge ist gut, was brauchts weiter? er ist ein flinker, derber, munter Bursch, also taugt er zum Ehemann. Es fehlt ihm an Manieren, er ist ein Bißchen grade zu, weiß nichts von Komplimenten und Stutzerschnickschnack. Desto besser! Das sind feste, zuverlässige Leute; das Bißchen Eckichte, das er hat, wird sich nach und nach schon abschleifen. Ehestand ist Wehestand, und Kreuz und Leiden machen zahm. Daß es ihm aber daran nicht fehlt, dafür wird das Mädchen schon sorgen. Sie ist nicht umsonst ein Frauenzimmer. (Ein Bedienter kömmt, und sagt Herrn von Werden etwas ins Ohr; er geht mit dem Bedienten hinaus.)

Oberst. Du bist ein alter Hagestolz. Daher dein störrischer, unbiegsamer Charakter, deine Lästerungen über die Weiber. Wärst du jemahls Mann und Vater gewesen, du würdest anders reden; würdest fühlen, daß das Weib des Lebens schönstes Geschenk ist; daß seine Liebe den Mann erst zum Menschen macht, seinem Herzen erst Empfänglichkeit für die Freude, seinem Leben erst Genuß, seinem Genuß erst Würze gibt.

Pinchen. (Regeln ins Ohr) Die Weisheit thut ihren Mund auf, aber niemand achtet ihrer.

Oberst. (Nantchens Hand nehmend) Sieh' hier steht so ein Weib. Was wird dieses liebe Geschöpf dem Manne seyn, den ihr Herz wählt! Aber ihr Herz muß wählen, und das wählt meinen Sohn nicht, kann ihn nicht wählen, (Nantchen küßt ihm gerührt die Hand) und geopfert sollst du nicht werden, sanftes Mädchen, um keines Versprechens willen.

Regel. So? Ein Komplott gegen mich? Tropen will man mir, mich zwingen? Nach eurer Pfeife tanzen, Ja! soll ich sagen, ich mag wollen oder nicht? Das will ich doch sehen. Wer ist hier Herr im Hause, wer Onkel? Wem ist über dieses Mädchen Recht und Gewalt in die Hände gegeben? He? Kurz und gut, ich lasse mir nicht ins Amt greifen. Die Heirath geht vor sich, und damit holla!

v. Werden. (der wieder zurückkömmt, und die letzten Worten gehört hat) Wenn von Nantchen die Red' ist, so sag' ich nein. Ja, machen Sie so große Augen, als Sie wollen. Jude Raibom war da. Der hat mir Dinge entdeckt, Dinge!

Pinchen. (sich neugierig an ihn drängend) Was denn?

v. Werden. (ihr ins Ohr) Wenn ich wieder komme, sollen Sie alles Wort für Wort hören.

Pinchen. Wo wollen Sie denn hin?

v. Werden. (wie oben) Heute Abend sollen Sie's erfahren.

Pinchen. (ärgerlich) Sie sind unausstehlich.

v. Werden. Und Sie entsetzlich neugierig. (Nantchen ins Ohr) Freuen Sie sich!

Nantchen. Worüber?

v. Werden. (wie obrn) Im goldnen Pelikan —

Pinchen. (tritt neugierig näher.)

v. Werden. (bemerkts und bricht ab, indem er die Uhr heraus zieht) Daß dich! wie die Zeit hingeht — Herren und Damen! ich muß fort. (zwischen Pinchen und Nantchen) Daß Sie ja nichts verplaudern! (ernsthafte Verbeugung) Ergebner Diener. (ab.)

(Alle sehen sich eine Pause an, wie Menschen, die nicht wissen, ob sie wachen oder träumen.)

Kegel. Ist der Mensch bey Sinnen? will er uns zu Narren haben, oder ist er selbst einer, und weiß es nicht?

Oberst. Ein sonderbarer Auftritt!

Nantchen. Er sprach vom Juden Maibom.

Pinchen. Von Geheimnissen, die er entdeckt hätte. —

Nantchen. Vom goldnen Pelikan.

Kegel. Ich sag', er ist toll.

Pinchen. Und ich sage, dahinter steckt etwas. Wer weiß, was der Jude Maibom von dem Wirthe im goldnen Pelikan ausspionirt hat. Den Herrn Obersten und seinen Sohn betrifft es ganz gewiß.

Oberst. Wohl möglich! aber Trost werden mir die neuen Entdeckungen schwerlich bringen. Von dieser Seite hoff' ich keine Freude mehr. Mein Entschluß ist gefaßt. Ich gebe den Unglückssohn ein Paar Jahr in die Kadettenschule. Da mögen sie sehen, was sie aus ihm ziehen. Dieß liebe Mädchen nehm' ich zu meiner Tochter an, nicht durch meinen Sohn; der ist Ihrer nicht werth. Aber wen ihr Herz wählt, der soll mein zweyter Sohn werden. Ich habe Vermögen genug, und ich brauche Kinder, an deren Liebe sich mein Herz laben kann.

Nantchen. (ihm gerührt die Hand küssend) Gütiger Mann!

Pinchen. (ihr ins Ohr) Wasser auf unsere Mühle!

Kegel. Nun, so thut, was ihr wollt. Ich sage mich von euch los, von allen, wie ihr da seyd; von Freund und Nichten: komme mir nur keiner mehr unter die Augen! In mein Zimmer will ich mich verschließen, will mir Hunde zulegen, junge Katzen aufziehen, einen Staar plaudern lehren, die sollen mich unterhalten. Spinnen und Mäuse will ich mir kirren, die sollen Fliegen und Brodkrumen aus meiner Hand fressen, und wenn ein Menschengesicht in meine vier Wände kömmt, vor der Nase schlag' ich ihm die Thür zu. (zornig ab.)

Oberst. Der wunderliche, heftige Mann! Ich will ihm nach.

Pinchen. Ums Himmels willen nicht, lieber Herr Oberst! Den ersten Sturm müssen wir ihn austoben lassen. Hernach schicken wir Nantchen zu ihm, die wird ihn schon wieder sanft schmeicheln.

Oberst. Wie ihr wollt, Kinder! Ich geh' un-

terdeß auf mein Zimmer. Nantchen macht den
Onkel wieder gut, und Sie, Pinchen, begleiten
mich, und klimpern mir auf dem Klavier drin-
nen meine Grillen weg. (hineingehend.)

Pinchen. Mit Vergnügen. Ich komme gleich
nach. (zu Nantchen) Scharmant! Jetzt will ich
den Kuppelpelz verdienen.

Nantchen. (empfindlich) Ich hoffe, Pinchen!

Pinchen. Daß du dich nicht zieren wirst,
hoffe ich. Geh' du, und bringe den Onkel wieder
ins Geleis, ich klimpre dem Obersten ein Lied vor,
das ihm und dir Freude machen soll. (indem sie
hineingeht) Baldiges Wiedersehen, Frau Adju-
dantinn!

Achter Auftritt.

Nantchen.

Ich möchte gern böse auf sie seyn; aber ich mag
mir so viel Mühe geben, als ich will, ich kann's
nicht. (Sie bleibt in Gedanken stehen, und spielt mit
ihrer Uhr, sieht sie an und sagt) Meine Uhr steht.
Hab' ich sie denn nicht aufgezogen? Wahrhaftig,
ich hab' es vergessen. Der Himmel weiß, was ich
noch alles vergesse, wenn dieser Dorn — (erschro-
cken zurück fahrend) Bald hätt' ich ihn genannt. —
(mit komisch-tragischem Ton) Nante, Nante! wahrhaftig du bist verliebt. (ab.)

Dritter Aufzug.

(Zimmer in Rath Kegels Hause.)

Erster Auftritt.

Rath Kegel, Oberst von Dahlbeck.

Kegel. (sich von dem Obersten, der ihn aufhalten will, losreißend) Nicht ein Wort will ich hören. Das geht zu weit. Beleidigungen auf Beleidigungen, und das in meinem eignen Hause?

Oberst. Beleidigungen?

Kegel. (hastig) Etwa nicht? Soll ich sie dir vorrechnen? Ich bleibe dir eine Schwiegertochter an, deren sich kein Fürst schämen dürfte, und du sagst ja. Du kömmst, siehst das Mädchen, es gefällt dir, und du sagst nein! Das ist die erste Beleidigung. Die naseweise Philippine setzt dir ein anders Heirathsprojekt in den Kopf, du läßt dich übertölpeln, und kuppelst für einen Fremden: das ist die zweyte Beleidigung. Ich protestire gegen den neuen Schwiegersohn, und du willst mir ihn mit Gewalt aufdringen: das ist die dritte Beleidigung. Ich ärgere mir die Schwindsucht an den Hals, und die macht mein Ärger Spaß; das ist die vierte Beleidigung. (immer hastiger) He, kannst du's läugnen? sag' ich die Unwahrheit? Sprich, und stehe nicht da, wie eine steinerne Gerechtigkeit, die Schwert und Wage in der Hand hat, und doch das Maul nicht aufthut, wenn sie über Recht und Gerechtigkeit sprechen soll!

Oberst. (lachend) Dich und dein Recht in die Wage legen? Ein schönes Experiment! Du würdest in die Höhe schnellen, lieber Freund, daß mir für deinen Hals bange wäre. Dein Recht ist ein zerbrechliches Rohr; das leiseste Lüftchen knickt es ein. Es ist eine Lüge, daß ich deine Nichte ausgeschlagen habe, eine Wahrheit, daß ich sie nicht unglücklich machen will. Aber du wirfst alles unter einander, folglich ist auch kein verständiges Wort mit dir zu reden.

Kegel. (mit großer Heftigkeit) Aber zum Henker —

Oberst. Stille und laß mich ausreden! Es ist Wind, daß der vorgeschlagne Schwiegersohn ein Fremder, Wind, daß ich ihn dir aufdringen will — Wind —

Kegel. (heftig einfallend) Mensch, du machst mich noch —

Oberst. Still! Ich bin noch nicht fertig — Wind endlich, daß mir dein Ärger Spaß macht. Aber warum ärgerst du dich? warum hörst du die Vernunft nicht, wenn sie ihren Mund aufthut? Dombach ist ein braver edler, junger Mann, den ich geprüft und bewährt gefunden habe, dem du selbst deine Achtung nicht versagen kannst.

Kegel. (wie oben) Und, wenn's ein überirdisches Wesen wäre — so —

Oberst. Still, bis ich nichts mehr zu sagen habe! Wie du siehst, guter Freund, hat sich das Blatt gewendet: du bist der Beleidiger, und ich und die gesunde Vernunft sind die Beleibigten. Also, wenn Hopfen und Malz nicht ganz an dir verloren sind, so kriech zu Kreuz und —

Kegel. (ganz außer sich) Zu Kreuz kriechen? ich? Nun reißt mir die Geduld. Ihr dekretirt einen Machtspruch nach dem andern, und ich soll ihn sanktioniren, mir nichts, dir nichts? — Hätt' ich doch bald was gesagt — Kurz und erbaulich! Nante wird Frau von Dahlbeck, oder sie geht ins Kloster. Dabey bleibts, und wenn selbst der Teufel nein sagte. Ich bin ein Mann und kein Weib, trage mein Herz hoch und steif, und keine Mädchenthräne weint es herunter. Es ist von Stahl und Eisen, und wer dagegen anrennt, kriegt eine Beule. Punktum!

Zweyter Auftritt.

Vorige, Pinchen, die Nantchen gleichsam hereinschleppt.

Pinchen. Nur herein! Da hilft kein Sträuben! Du bist der Staats-Inquisizion in die Hände gefallen, und aus der ist, wie du wohl weißt, keine Erlösung! (zu dem Raib Kegel und dem Obersten Dahlbeck) Meine Herren Inquisizions-Richter! hier ist eine des Straßenraubs und des Verraths gegen den Staat verdächtige Person. Der Arm der Kriminaljustiz (auf sich deutend) hat sie ergriffen, und liefert sie hiermit in Ihre Hände.

Kegel. (sich verdrüßlich von ihr wegwendend) Hanswurst!

Nantchen. (mehr ernsthaft als verdrüßlich) Da sagen Sie ein wahres Wort, lieber Onkel!

Pinchen. (ohne sich stören zu lassen, mit Karrikatur ernst und feyerlich) Beklagte enthalte sich aller ungebührlichen Reden gegen die Diener einer hohen Gerechtigkeit! Da steh! (sie führt Nantchen in den Vordergrund des Theaters, trägt in die Mitte einen Tisch, und setzt drey Stühle um ihn her.) Setzen Sie sich, meine Herren! (nöthigt den Rath und den Obersten die Seitenplätze einzunehmen; sie selbst setzt sich in die Mitte.)

Nantchen. (halb lachend) Was wird die Possenreißerinn nun wieder angeben?

Pinchen. (im Tone des Richters) Delinquentinn trete näher, und rechtfertige sich gegen geschehene Anklage!

Nantchen. Du bist eine Närrinn mit sammt deiner Anklage.

Kegel. Das bekräftige ich. Was soll der Vorstadtsspaß wieder? (will aufstehen.)

Pinchen. (hält ihn fest) Sitzen geblieben! Das Gericht hebt an. Beklagte ist des Straßenraubes schuldig; denn sie hat einem Offizier, in Diensten Sr. Durchlaucht, unsers gnädigsten Herrn, etwas gestohlen, was ein Offizier gar nicht entbehren kann, sein Herz; und das, wie aus allen Umständen hervorleuchtet, ohne daß er sich des Diebstahls versah, und also ganz außer Stand gesetzt war, den geschehenden Raub auf irgend eine Art zu vertheidigen.

Oberst. Ha, ha, ha! Nun merk' ich.

Kegel. Ich auch, (nicht ohne Ärger) und das

Gericht verordnet hiermit, daß Beklagte ihr gestohlnes Gut wieder zurück gebe, oder auf Zeitlebens bey Wasser und Brod eingesperrt werde.

Pinchen. Wird geworfen, denn das Gericht muß erst hören, was Beklagte auf diese Beschuldigung zu antworten hat. Noch ist der Anklage des Verraths gegen den Staat zu gedenken. Beklagte hat nähmlich nicht nur oben benanntem Offizier sein Herz geraubt, sie hat sogar einen Anschlag auf ihn selbst, indem sie ihn den Diensten seines bisherigen Herrn abspänstig machen, und zum Dienst unter ihre Fahne bereden und verführen will.

Nantchen. (empfindlich) Schwester, das heißt den Spaß zu weit treiben. Du wirst unartig. Das Beste ist, ich mache deinen Fazen hiermit ein Ende. (will gehen.)

Pinchen. (tritt ihr in den Weg) Nicht von der Stelle! Du bist im Nahmen einer hohen Obrigkeit verhaftet, und antwortest auf alle Fragen, die man dir vorlegen wird.

Nantchen. Ich ärgere mich recht über mein gutes Herz. Es ist mir unmöglich, böse über die Närrinn zu werden.

Pinchen. (geht wieder zu ihrem Sitz, und die Richterrolle fort) Freymüthig, und ohne Furcht, junges Frauenzimmer! seyd ihr wirklich entschlossen, wider euer besser Wissen und Wollen, euch dem unbilligen Befehle eures Onkels und Vormundes, des wohlgebornen und wohlachtbaren Rath Kegels, zu unterwerfen, seiner Gnaden, dem Junker Joachim von Dahlbeck, eure Hand zu geben, und

Der verlorne Sohn.   75

ihn als euren Herrn und Gemahl zu erkiesen und anzunehmen?

Nantchen. (mit festem Ton) Nein!

Kegel. (aufspringend) Nein? das wollen wir sehen. Sie soll, sag' ich, soll, soll!

Oberst. Stille, Freund! du verfährst gegen alle Form Rechtens. Das Verhör ist ja noch nicht zu Ende. Nieder auf den Richtstuhl, und warte den Ausgang ab! (zwingt ihn zu sitzen.)

Kegel. Ich erstickte noch —

Oberst. Der Inquisitionskommissär wird beordert, sein Verhör fortzusetzen.

Pinchen. Das war weise gesprochen! (wieder im Ton des Richters.) Bekennt ferner, meine Tochter! seyd ihr noch in völliger Possession eures Herzens, oder hat irgend ein hübscher Junge es bereits gekapert und in Beschlag genommen?

Nantchen. (stockt mit der Antwort, und zeigt Verlegenheit.)

Pinchen. Ihr stockt? das ist verdächtig. Welter: kennt ihr nicht einen schlanken, schmucken Offizier, der hier im Hause aus- und eingeht?

Nantchen. (seufzt.)

Pinchen. Ihr seufzet? Wir verstehen. So nach würdet ihr es wohl nicht übel aufnehmen, wenn der wohlachtbare Herr, Jonathan Tobias Kegel, euer respektabler Onkel und Vormund, und der noch respektablere Herr, Oberst von Dahlbeck, statt des mehrmahls benannten Junkers, Joachim von Dahlbeck, diesen von uns beschriebenen schlanken und schmucken Officier, Dombach genannt, euren Händen überlieferten?

Nantchen. (will gern reden, aber ihr Herz sperrt ihr den Mund. Sie spielt verlegen mit ihrer Uhrkette, und schlägt die Augen nieder.)

Pinchen. Ihr schlagt die Augen nieder, wißt nicht was ihr sagen sollt? Was brauchen wir weiter Zeugniß! Sie schlägt die Augen nieder; sie weiß nicht zu antworten. Bemerken Sie das, meine Herren? Beklagte ist demnach des beschuldigten Straßenraubes und des Verraths gegen den Staat überwiesen. Da sie aber den Raub mit sich selbst zu erstatten erböthig, und genannten Offizier in Diensten Seiner Durchlaucht, unsers gnädigsten Fürsten, nicht so wohl unter ihre Fahne haben, sondern vielmehr sich unter seine begeben will, so spricht das Gericht Beklagte von aller Strafe und Züchtigung frey; es verordnet und besteht, daß zwischen Beklagter und dem Herrn in Uniform, ein Schutz-Trutz- und Ehebündniß geschlossen werde. Von Rechtswegen! (aufstehend.) Das Gericht wird aufgehoben.

Dritter Auftritt.

Vorige, v. Werden.

v. Werden. Sieh da, scharmante Herren und Damen! sind Sie hier? recht gut. Eben wollt' ich mich melden lassen. Ich hab' einen Sack voll Neuigkeiten, voll unerhörter Neuigkeiten.

Pitichen. So leeren Sie ihn aus! Aber, wenn er etwa nur mit Possen angefüllt ist, so behalten Sie sie für sich.

Nantchen. Schicken Sie Ihren Witz einmahl spatzieren, und lassen Sie den Menschenverstand eintreten!

Kegel. Ziehen Sie die Kinderschuhe aus, und geberden Sie sich, wie ein Mann.

Oberst. Wenn er nur kann. Er hat keine Seele als die kindische; wenn die von ihm fährt, so wird er ein todter Leichnam.

v. Werden. Basta, ihr Witzlinge! Ich will erzählen, aber (indem er einen Stuhl nimmt) auch sitzen. Ich komme aus der Vorstadt, war im goldenen Pelikan, habe Fuß und Zunge in Bewegung gesetzt; eins muß ausruhen. Meine Geschichte ist lang, und diese doppelte Strapaze (auf Zunge und Füße deutend) für mich angreifend. Ja, wenn ich Pinchen hieße, und generis feminini wäre. (Pinchen will fort; von Werden hält sie zurück.) Wohin?

Pinchen. O ich will nur sehen, ob ich den Verstand nicht finden kann, den Sie verloren haben.

v. Werden. Da dürfen Sie nicht lange suchen. Denn wenn ich wirklich darum gekommen bin, so hab' ich ihn an Sie verloren, und ich fürchte seit wenigstens acht Jahren. Gerade so lange ist's, daß ich in Sie verliebt bin.

Pinchen. (mehr launig als böse.) Ewiger Schwätzer! wollen Sie erzählen, oder wollen Sie's bleiben lassen?

v. Werden. Nun nehm' ich die ganze Welt zum Zeugen, ob ich nicht schon erzählt habe. Hab' ich nicht schon von der Vorstadt, vom goldenen Pelikan, von der Strapaze meiner Zung' und Füße erzählt? Hab' ich mich nicht ordentlich zum Erzählen niedergesetzt? Aber bey Ihnen soll alles mit Extrapost gehen. Zu allen Dingen in der Welt gehört eine Einleitung. Da gibt's keine Rede, erbaulichen oder profanen Inhalts, keine Kriegs- keine Ehren - keine Freundschafts - keine Liebeserklärung ohne Einleitung; kein Buch wird geschrieben, die Vorrede leitet es ein; kein Besuch wird gegeben, die Komplimente leiten ihn ein. Kein Mittagsmahl wird eingenommen, die Suppe leitet es an. Nichts in der Welt geschieht ohne Einleitung. Wir werden mit Einleitungen geboren, wir gehen mit Einleitungen aus der Welt, und ich soll meine Erzählung nicht miteinleiten dürfen?

Pinchen. Das sag' ich Ihnen, wenn Sie noch lange einleiten, so werd ich Sie hinaus leiten.

v. Werden. Nun so setzen Sie sich nur, und zwar alle mit einander! denn ich kann wahrhaftig nicht allein sitzen, und Sie stehen sehen. (sie setzen sich, Pinchen rechts neben Werden, Nantchen links neben ihn. Neben Pinchen auf der andern Seite Kegel, neben Nantchen der Oberst.) So ist's gut. Aufgemerkt! die Erzählung beginnt. Jude Malbom ist ein schlauer Fuchs: den Schulmeister Bonifacius hatte er ausgestöbert, aber das war ihm nicht genug. Hinter dem Patron steckt mehr, dachte er, und das muß heraus. D'rum machte er sich allerley im Hause zu thun, schacherte mit den Gästen, lief daher, dorthin, Trepp' auf, Trepp' ab. Da zankt sich's; er horcht auf: 's ist Herr und Madam Pumper. Malbom legt das Ohr an die Wand, und vernimmt gar kuriose Dinge. „Hör'," läßt Herr Pumer sich gegen seine Ehehälfte vernehmen: „das

Ding läuft gewiß schief ab: Lips ist ein Tölpel, der alte Oberst riecht gewiß Lunte, und der Teufel ist los." Auf ein Mahl macht's burr! ein Wagen mit Fremden kommt an, und Pumper muß hinaus.

Pinchen. (ärgerlich.) Die Fremden hätten auch wohl ein andermahl kommen —

Nantchen. Oder Malbom früher zuhorchen können.

v. Werden. Freylich wohl! Malbom war mit dem zufrieden, schüttelte seinen Judenkopf, und meinte: Lips könnte wohl Monsieur Pumper seyn, und Monsieur Pumper in einem Rock stecken, wo er nichts zu thun hat —

Oberst. (rasch aufspringend.) Wär' es möglich? ⎫
Pinchen. Über den Pfiffkopf! ⎬ Alle drey zugleich.
Nantchen. O allerliebst!   ⎭

v. Werden. Gelt, meine Erzählung wird interessant? (zum Obersten.) Aber nur wieder hingesetzt! Es kömmt noch besser. Des Dinges gewiß zu werden, dacht' Malbom auf einen Pfiff. Zur Ausführung des Pfiffs meint' er, wär' ich der Mann. Er kam her, ließ mich heraus rufen, und machte mich zu seinem Vertrauten. Der Umstand mit Lips leuchtete mir ein, aber noch mehr sein Projekt.

Pinchen. Und das war?

v. Werden. Die Eroberung der Madam Pumper. Ein niedliches, rundes, rothbackigtes Geschöpf, nach seiner Beschreibung. Ich beschloß die Belagerung zu wagen, machte mich auf, und langte richtig im goldenen Pelikan an. Madam Pumper war wirklich recht hübsch — und meine Eroberungsoperazion begann. Erst warf ich ihr einige artige Sächelchen über ihre Schönheit an den Hals, die sie dann mit einem liebäugelnden Kopfwackeln gar freundlich erwiederte; dann (Pinchens Hand ergreifend) nahm ich ihre Hand, streichelte sie auf und ab; dann knipp ich sie in die Backen; (thut's bey Pinchen) dann legt ich meinen Arm um ihren Rücken; (thut's bey Pinchen, die in lauernder Stellung abhdet, was weiter geschehen wird) dann küßt' ich sie. (will Pinchen küssen, diese sträubt sich, und will ihm eine Ohrfeige geben, er aber entschlüpft.) Gehorsamer Diener! das that Madam Pumper nicht. Madam Pumper nahm's hübsch gelassen an.

Pinchen. Ich bin auch nicht Madam Pumper.

v. Werden. Das merk' ich — Bey ihr hatt' ich den Kuß weg. Nun kam die Liebeserklärung. Mein Spiel war gewonnen. Mit einer wahren Armensündermiene stellt' ich mich vor sie hin, bedauerte, daß so ein niedliches Weibchen an so einen Olimschulmeister verheirathet wäre, das sich an meiner Seite ganz anders ausnehmen würde, that kläglich, daß so viel Reize in einem schlechten Gasthause verblühen müßten, die, wenn sie einem gewissen Herrn von Werden gehörten, in Konzerten, auf Redouten und Bällen Parade, machen könnten. Mit einem Wort, ich machte ihr weiß, daß ich sie heirathen wollte, wenn sie zu einer Scheidung von ihrem Manne Lust hätte, und Madamchen — lief in die Falle. Sie wollte alles, alles, wenn sich nur eine Ursache zur Scheidung finden ließe. „Die hab' ich, mein Engel!" jauchzt' ich ihr zu. „Ihr Mann ist ein Spitzbube; er hat da einen Jungen, der Lips heißt, und gibt ihn für den Sohn des Obersten von Dahlbeck aus; das bricht ihm den Hals, scheidet von Tisch und Bette." Meine Dulzine erschrack, daß ihr der Athem stehen blieb, blaß, wie der Tod, starrte sie mich an, schlug die Hände über den Kopf zusammen, und konnte keinen Laut von sich geben.

Oberst. (voller Ungebuld.) Weiter!

Nantchen. (voll freudigem Erstaunen.) Lieber Himmel!

v. Werden. Blässe und Schrecken? Nun war ich meiner Sache gewiß. "Courage, ma princesse!" rief ich; "Ihr soll nichts geschehen. Nur ihren Spitzbuben von Eheherrn will ich die Ehre haben, näher kennen zu lernen. Sie, mein schmuckes Kind, steht unter meinem Schutz." Die Dame aus dem goldenen Pelikan gestand mir alles haarklein, was sie auf ihrem Herzen und Gewissen hatte. Monsieur Lips war richtig Monsieur Pumper, und Monsieur Pumper richtig in den Junker Dahlbeck verkleidet.

Nantchen. (halb für sich.) Ach! was für ein schwerer Stein fällt mir vom Herzen! ⎫
Oberst. Ungeheurer Betrug! ⎬ Zusammen.
Kegel. Alle Wetter! was für ein Spitzbube! ⎭

v. Werden. Aber zum Henker lassen Sie mich auserzählen, und exklamiren Sie hernach! Nun war die Rede von dem wahren Junker Dahlbeck. Da hieß es, er wär' entlaufen, seit vielen Jahren schon. Meister Bonifacius schrieb und lief im Lande herum, vergebens: hin war hin! Er that also, was er nicht lassen konnte, ließ den Jungen laufen, zog in der Angst seines Herzens den jährlichen Gehalt ein, bis er ausblieb, und die Nachricht kam, der Oberst wäre in Amerika erschossen. Nun führte das Unglück den Vater unvermuthet lebendig nach Deutschland. Pumper war voller Verzweiflung — Madam Pumper schlug die Verkleidung vor; Tölpel Lips ward Junker Dahlbeck. — Das war nun heraus. Zuletzt kam noch das Geständniß, Meister Pumper habe einen Ring mit dem Porträt der Mutter des jungen Dahlbeck, den wolle sie zu bekommen suchen, und mir bringen. Das ging ich ein, und erwarte alle Augenblicke die Ehre ihrer holden Gegenwart. Den Mann hab' ich durch den Juden gleichfalls her bestellen lassen. Sie werden beyde erscheinen, und jeder besonders verhört werden.

Regel. Und dann ins Zuchthaus mit dem Spitzbuben-Komplott!

v. Werden. Das verbitt' ich mir. Die Frau steht unter meiner Protektion.

Oberst. Ach Neffe, Ihre Erzählung macht mir Freud' und Leid in einem Augenblick. Ich verliere den untergeschobenen Sohn, ohne den wahren dafür zu erhalten.

v. Werden. Vielleicht kommen wir dem auch noch auf die Spur. Das bevorstehende Verhör wird noch manches ausweisen. Jetzt bitt' ich um den Gebrauch dieses Kabinetts, (auf ein Kabinett dem Kabinett des Obersten gegen über deutend) um die Frau hinein zu sperren, wenn ich den Mann verhöre. Dann sollen sie einander ins Gesicht bekennen. (Ein Bedienter sagt von Werden etwas ins Ohr.) Gut! Nur herein geführt! (Bedienter ab.) Herren und Damen! meine Dutzine ist im Vorsaale. Sie haben die Güte und treten ab. Ich will mich tummeln, so viel ich kann. Bin ich ins Reine, so sende ich Ihnen einen Expressen, und zwar diesen da, (Pinchen bey der Hand nehmend) den ich deßwegen in der Nähe behalte, wozu Sie mir Ihr Kabinett erlauben, lieber Onkel! Sie andern gehn so lange auf unsers Freund Kegels Zimmer, und senden mir die Dame Dudstionis. (mit einer Verbeugung.) Werthe Herrschaften —

Oberst. Wir sollen gehn?

v. Werden. (bejaht es durch Pantomimen.)

(Alle ab durch die Mittelthür bis auf Pinchen.)

v. Werden. (das Kabinet öffnend) Entrez si vous plait; (Pinchen zögert.) Nun, was trippeln Sie denn so? Sie wollen gewiß Ihre Nebenbuhlerinn sehen! Nun seyn Sie nur ruhig!

Schön ist die Blum' im Feld, doch schöner
ist die Rose.

Im Hayn der Cypria, von Amors Hauch
beseelt —

Pinchen. (schnell einfallend.)

O Freund, du bist nicht klug in Versen wie
in Prose:

Ihr Götter steht ihm bey, und gebt ihm,
was ihm fehlt!

(läuft ins Kabinett.)

v. Werden. (ihr nach.) Schön gebethet, dann

bekomm' ich Sie. Damit sie uns aber nicht belauscht, wollen wir den Schlüssel zu uns nehmen. (er thuts, Barbara tritt ein.) O sieh da, meine Amasia aus dem Pelikan!

Vierter Auftritt.

v. Werden, Barbara. (sehr geputzt nach ihrem Stande, mit Anstrich von Koketterie.)

v. Werden. (ihr entgegen) Willkommen, holde Vorstadts-Königinn! Himmel! wie schön bist du! Deine Augen erinnern mich an die Wachslichterchen des heiligen Christabends, deine Backen an Mazanker-Apfel, deine Lippen an rothe Zuckerplätzchen, und dein ganzes Wesen an die Prinzessinn Semiramis auf meiner Studierzimmer-Tapete. Setze dich nieder, scharmante Seele, und laß mich vernehmen die liebliche Rede deiner Schnatterzunge.!

Barbara. Ja, ja, um meine Schnatterzunge ist's Ihnen auch wohl nur am meisten zu thun. Mit Speck fängt man Mäuse, ein altes Sprichwort. Mich sehen Ihro Gnaden für die Maus an, und Ihre schönen Redensarten sollen der Speck seyn, der mich in die Falle lockt. Aber, mein hochgeehrter Herr von Werden, ich kenne den Speck. Mein Mann, der Tölpel aus dem goldnen Pelikan, hat mich auch einmahl damit angeführt.

v. Werden. Ich dich anführen? Wie kommen solche Gedanken des bösen Feindes in dein holdseliges Herz, vielgeliebte Barbara? Freylich möcht' ich dich fangen, du lieblichstes aller Mäuschen! Aber, wenn ich dich nun gefangen hätte, wie wollt ich dich hätscheln, wie mit dir spielen, wie dir schön thun! — Nun kleine Hexe, sey nicht länger mißtrauisch, und sage mir, was du zu sagen hast. Hat sich der Ring gefunden? (ihre Finger untersuchend.)

Barbara. Ja, so was steckt man auch an die Finger. Geduld! schöner Herr! damit rennt man einem nicht so gleich unter die Nase. Eile mit Weile, ein feines Sprichwort, Herr von Werden! So hab' ich's auch gemacht, sonst wäre der Ring nicht in meinen Händen. Meinen Sie, ich hätt' ihn von dem Stockfisch, meinem Manne gleich aufs erste Wort gekriegt. Ey ja, ich mußte ihm lange um den Bart gehen, und ihm schön thun, und ihm weiß machen, daß ich ihn lieb hätte, und, daß ich den schönen Ring nur ansehen wollte, die prächtigen Steine, und das hübsche Gesicht, und ob denn unser Lips wohl für des Obersten Sohn passiren könnte, wenn man's Portrait ansähe, und ich mußt' ihn wahrhaftig ordentlich küssen — aber da kriegt ich auch richtig den Schlüssel weg —

v. Werden. Und der Ring?

Barbara. Ich ●●● ihn, lieber Herr von Werden! ich hab' ihn.

v. Werden. O du Inbegriff aller Schlauheit und Pfiffigkeit, du Krone aller Gastwirthinnen, in und außer der Welt, laß dich umarmen! Komm her, du goldne Barbara! Du bist mehr werth, als alle Diamanten der Erde, mehr als alle Ringe, die du deinem Mann stehlen kannst, mehr, als ein Dutzend solcher Ringe, wie du bey dir trägst — aber (mit verändertem Ton der Stimme) sehen möcht' ich ihn doch gern.

Barbara. (greift in die Tasche, zieht einen Brief hervor, und präsentirt ihn an von Werden.)

v. Werden. (der voll Begier die Hände ausgestreckt hat, etwas bekontenanzirt.) Was soll das? Ein Brief?

Barbara. Vom Obersten.

v. Werden. (liest.) „An Bonifazius, Dorfschulmeister auf dem Dorfe Zabern."

„Ich halte dich für einen ehrlichen Mann, Bonifazius, drum vertrau' ich dir meinen Knaben. Ich will keinen Gelehrten aus ihm, Soldat soll er werden. Du bist nicht ungeschickt, und, wenn du willst, kannst du einen gesunden, unverdorbnen Jungen aus ihm machen. Seine Anlagen sind gut. Ich gehe nach Amerika, und seh' ihn vielleicht so bald nicht wieder. Mache, daß ich Freude an ihm habe, wenn ich wieder komme. In der Kapsel hierbey ist ein Ring mit seiner Mutter Portrait. Wenn er Verstand genug hat, aus dem Gesichte zu errathen, was für eine brave Frau er zur Mutter hatte, dann gib ihm den Ring; die Steine kannst du behalten. Verwächst er die Ähnlichkeit nicht, die er mit ihr hatte, so wird ihm auch das ihr Bildniß lieb und werth machen, und ihn antreiben, daß er immer braver wird! Du kannst ihn auch diesen Brief lesen lassen. Heb' ihn wohl auf. Dein Jahrgeld wirst du richtig empfangen. Nur gib mir fleißig Nachrichten von meinem Joachim, und mache, daß er brav wird. (wischt die Augen, steckt den Brief ein, dreht sich dann schnell gegen Barbara, und fragt.) Und der Ring?

Barbara. Jh, mein Himmel, wie liegt Ihnen der Ring am Herzen!

v. Werden. Ja, das muß ich sagen; für Ringe habe ich eine wahrhafte Passion. Ich kann ordentlich schmachten nach so einem Ringe. Nun laß mich nicht verschmachten! (sie streichelnd) gib ihn heraus!

Barbara. (kokettirend.) Wenn Sie so beweglich liebten (zieht eine Kapsel hervor und überreicht sie ihm mit einem Knix.)

v. Werden. (faßt begierig darnach) O du — (streckt die Arme aus, und thut, als ob er sie küssen wollte, läßt sie aber den Augenblick wieder sinken, und öffnet die Kapsel.) Wahrhaftig, so bald ich den Ring besehen habe, sollst du einen Kuß haben.

Barbara. (die Nase rümpfend.) Hm!

v. Werden. (den Ring besehend.) Vortrefflich! ein schönes, edles, geistvolles Gesicht! So viel Sanftheit und Duldung, so viel Freundschaft und Güte! (es aufmerksamer betrachtend.) Und so wahr ich lebe, ja, wahrhaftig, das sind Züge — von wem doch schon? (sich besinnend.) dem Adju — dieser Zug um Nas' und Mund, dieser Augenaufschlag — daß das dem Obersten nicht auffiel! Konnten diese Züge so in seinem Gedächtniß entschlummern! Vielleicht weckt sie der Anblick dieses Portraits wieder! Ob ich's ihm denn gleich zeige? Es wäre doch allerliebst, wenn — (ein Bedienter tritt ein, und sagt ihm etwas ins Ohr.) Gut! (halb leise.) Wenn er kömmt, führ' ihn nur herein. (Bedienter b.) Verwünschter Streich! (tönt verdrießlich.) Da muß ich nun gerade jetzt unterbrochen werden. Nimm es nicht übel, mein Engel, wenn ich dich auf das Kabinett deutend) auf einen Augenblick hier insperre.

Barbara. Ach! Himmel! was haben Sie mit mir vor?

v. Werden. Nichts in der Welt. Sey nur ruhig! (nimmt ihre Hand.) Es soll dir nichts geschehen, mein Turteltäubchen! Kein Haar soll dir gekrümmt werden; du stehst unter meinem Schutze. (er führt sie zum Kabinett.)

Barbara. Ach! es ist mir, als stünd' ich vor der Thür vom Zuchthause. Barmherzigkeit, Herr von Werden.

v. Werden. Nur hinein! (schiebt sie hinein.)

Fünfter Auftritt.

v. Werden. (nachdem er das Kabinett zugeschlossen hat.)

Da sitze bis auf weitere Entdeckung. Weitere? Entweder ich bin blödsüchtiger, wie ein Lorgnettegucker, oder mit meinen Entdeckungen am Rande. Aber, — daß mir Herr Pumper nicht früher über den Hals kömmt, als ich ihn brauche! Unter Wegs ist er, also geschwind' erst meine eigene Sache abgemacht! Die christliche Liebe fängt zwar nicht bey sich selbst an, aber sie hört auch nicht bey sich selbst auf. Ich muß wissen, wie ich mit meiner schönen Gefangenen dort (auf das Kabinett

Der verlorne Sohn.

beutend, in das er Philippinen einschloß) dran bin. Sie liebt mich, daran ist kein Zweifel; nur ihre wunderlichen Ideen von Freyheit, die muß ich ihr aus dem Kopfe bringen. Aber wie? Mit Spott und Satyre komm ich bey ihr nicht durch, da bleibt sie mir nichts schuldig. Ich wills einmahl mit dem Ernste versuchen, ihrem Witz den Paß verrennen, und ihrem Herzen in die Flanke fallen. Vielleicht streckt das das Gewehr, laß sehen! (auf das Kabinett zu, bleibt stehen.) Aber die Alten, die werden warten und lauern. Ich muß verhüthen, daß ihre Ungeduld mich hier nicht stört. (zur Mittelthür hinaus.) Heda! (ein Bedienter tritt ein.) Geh' er zur Herrschaft, und sie möchten sich die Zeit nicht lang werden lassen. Ich wäre nun bald ganz im Klaren. (Bedienter ab.) (öffnet das Kabinett.) Darf ich bitten, schönes Pinchen?

Sechster Auftritt.

v. Werden. Pinchen.

Pinchen. Ich glaube wahrhaftig, Sie haben mich eingesperrt?

v. Werden. Sie nicht, aber Ihre Neugierde.

Pinchen. (schnippisch.) Die Mühe hätten Sie sparen können. Ich habe die ganze Zeit am Klavier gesessen, und Sie sind mir nicht einmahl eingefallen. (im Saal umher blickend.) Die zärtliche Conversation schon vorüber?

v. Werden. Noch nicht völlig; der Mann ist im Anzuge.

Pinchen. Bedaure von Herzen. Aber, was soll ich nun?

v. Werden. Mich anhören.

Pinchen. Da werd' ich viel Geduld brauchen.

v. Werden. Nun vielleicht ist es das letzte Mahl. Nehmen Sie, was ich Ihnen zu sagen habe, nicht auf, wie ich hoffe, sehnlichst wünsche, so — (sehr ernst und bestimmt) geb' ich Ihnen mein Wort, Sie sollen nie wieder von mir geplagt werden.

Pinchen. (überrascht) Sie erschrecken mich!

v. Werden. (freudig ihre Hand ergreifend.) Ja?

Pinchen. (die sich nicht verrathen haben will.) Nun ja freylich! Sie sagen das mit einem Gesichte, einem Tone, als ob Sie Ihr Testament machen wollten.

v. Werden. Sehr möglich, daß ich es wirklich mache. In der That, ich habe viel Ähnliches mit einem Sterbenden. Leben und Tod steht vor mir, und eins von beyden liegt (ihre beyde Hände zärtlich ergreifend) in diesen lieben oder (läßt die Hände fahren) grausamen Händen.

Pinchen. nur halb und halb in ihrem gewöhnlichen Tone.) Menschenkind, was haben Sie vor? So jämmerlich haben Sie noch nie ausgesehen.

v. Werden. Sie interessiren sich für Nantchen und Dombach: meine Hand, die Leutchen werden ein Paar. Aber, was wird aus mir werden?

Pinchen (nach und nach wieder in ihren alten Ton kommend.) Das weiß ich nicht.

v. Werden. Welchen Sie mir nicht auf! Ich muß wissen, woran ich bin. Endlich muß es zur Sprache kommen, Ernst an die Stelle des Scher-

Der verlorne Sohn. 91

zes treten. Wie stehen wir mit einander? — Keine Zurückhaltung weiter! Sie sind ein muthwilliges Mädchen, aber auch ein gutes; und ein gutes Mädchen spielt nicht mit dem Herzen eines Mannes.

Pinchen. Das kömmt ja ordentlich heraus, als ob ich mit Ihrem Herzen gespielt hätte. Wunderdinge, die ich da höre! Ich sag' Ihnen aber, mein Herr, daß ich mit Ihrem Herzen ganz und gar nichts zu thun gehabt, gar nicht die Ehre habe, es zu kennen, auch ganz und gar nicht lüstern bin, Bekanntschaft mit ihm zu machen.

v. Werden. Ich kenne Sie besser. Von allem, was Ihr Mund da plaudert, weiß Ihr Herz nichts. Ihr Muthwille treibt sein gewöhnliches Spiel. Hab' ich je meine Empfindungen für Sie verhehlt? es nicht laut und öffentlich bekannt, daß ich Sie liebe? je für eine andere Ihres Geschlechts diesen Diensteifer, diese Anhänglichkeit gezeigt? bin ich nicht seit Jahren Ihr beständiger Begleiter, der Schatten, der Ihnen überall folgt? Und haben Sie diese Geständnisse nicht freundlich aufgenommen? meine Bemühungen um Ihr Herz sich nicht gefallen lassen? Verweigerten Sie mir je Ihren Arm im Ernst, wenn ich Ihnen den meinigen anboth? empfand ich nicht so oft den Druck dieser lieben Hand? las ich nicht so manchmahl in diesen Augen Sympathie, trotz des Muthwillens, der nur ihn verbergen sollte? Bey allem Ihrem Neck- Scherz- und Qualgeist sind Sie zu offen, um mir das abzuläugnen —

Pinchen. Und warum soll ich's? Ja, mein Herr, ich habe Ihre Liebesversicherungen gern gehört. Welch Mädchen thut das nicht, wenn der Liebhaber nur halbweg leidlich ist? Es hat mir gefallen, daß Sie meinen gehorsamen Diener machten, weil es mir schmeichelte, einen Mann von Talenten unter dem Zepter meiner Reize zu sehen. Ich habe mich am liebsten an Ihren Arm gehängt, weil Sie gut führen, weil Sie sich an meiner Seite recht artig ausnehmen. Ich mag Ihnen auch wohl die Hand gedrückt haben, weil Sie einen guten Einfall hatten, Possen trieben, von denen ich eine Freundinn bin, aus Höflichkeit, weil Sie sie mir drückten, was weiß ich —

v. Werden. (pickirt) Und mein Herz? —

Pinchen. Mag ein ganz gutes Ding seyn. Ich sprech' ihm das nicht ab. Aber, wahrhaftig, ich habe mich nie darum bekümmert.

v. Werden. So? (eine fliegende Röthe verkündigt den Unwillen, der sich seines Herzens bemächtigt, er sieht starr vor sich hin, und beißt die Lippen.)

Pinchen. (besorgt) Nun? Sie beißen die Lippen? eine fliegende Röthe überzieht Ihr ganzes Gesicht? Was ärgert Sie?

v. Werden. (mit überströmender Galle.)
Du liebst nur meinen Kopf, weißt diesen nur
    zu schätzen,
Mein Herz hat keinen Werth für dich;
Ich kann dich nur mit meinem Witz ergötzen;
Bloß zur Parade brauchst du mich,
Und Eitelkeit allein macht mir zur Freun-
    dinn dich:
Nun, weil du denn in mir dich selbst nur
    weißt zu schätzen,

Der verlorne Sohn.

So schmause dich auch satt an deinem theu-
ren Ich!
Dich lieben wäre lächerlich;
Du liebst nichts in der Welt, als dich.

Pinchen. (ganz verstimmt, empfindlich, aber
schonend) Das war sehr hart!

v. Werden. (milder, aber noch immer beleidigt)
Sie haben mich auch hart beleidigt.

Pinchen. Gegen meinen Vorsatz. Aber ich kenne Sie nicht mehr. Sie sind in einer Stimmung,
die mir ganz fremd ist. Wie könnte ein muthwil-
liger Einfall Sie sonst so in Harnisch jagen?

v. Werden. (wie oben) Ich bath Sie um eine
ernsthafte Erklärung.

Pinchen. (die wieder gut machen will) Ich kann
aber nicht ernsthaft seyn, wunderlicher Mensch!

v. Werden. So sprechen Sie mein Urtheil,
und ich danke Ihnen, daß Sie es wenigstens nicht
verzögert haben.

Pinchen. (stutzend) Versteh' ich das?

v. Werden. Wenn Sie auch jetzt nicht ernsthaft sein können, wo von der ernsthaftesten Sache,
dem Glücke oder Nichtglücke eines Menschen die
Red' ist, so muß ich meine Hoffnungen aufgeben,
und ich habe acht schöne Jahre meines Lebens verschleudert.

Pinchen. (mit wechselnder Unruhe) Verschleudert? —

v. Werden. Ja, verschleudert. Acht Jahre
hab' ich Sie geliebt; acht Jahre haben Sie mich
mit süßen Hoffnungen an sich gekirrt. Manches
schöne Blümchen künftigen Glücks ging mir auf;

Jetzt tritt Ihr Muthwille sie alle nieder, und ich stehe, wie ein getäuschter Landmann vor einer niedergeschmetterten Ernte.

Pinchen. (die sich wieder erhohlt) Das klingt sehr tragisch. Aber wahrhaftig, Sie thun meinem armen Muthwillen sehr Unrecht. Kann ich für die Sprünge Ihrer Fantasie? warum ist sie so poetisch! Zwar bin ich eine große Liebhaberinn von Poesie, mag sogar die Poeten wohl leiden. Aber wunderliche Geschöpfe sind die Herren. Auch ins gemeine Leben tragen sie Ihre Poesie hinein. Wenn sie schmachten, sollen wir's auch; wenn sie seufzen, sollen wir's mit; wenn sie ihre Arme ausbreiten, gleich sollen wir uns hineinstürzen; sie überlegen nicht, daß die Leute, die keine Poeten, sondern nur schlechte Prosaisten sind, das Ding gar curios auslegen würden. Also, Herr Poet, ich zertrete Ihre Blumen nicht. Aber mit dem Seufzen, Schmachten, in den Arm stürzen, ist's auch nichts. Ich würde schön ins Gerede kommen, wenn ich so was thäte.

v. Werden. Sehen Sie da, wie schlimm uns der Muthwille scheinen machen kann, wenn wir ihm gar zu sehr den Zügel schießen lassen. Von ihm hingerissen, thaten Sie mir weh, gegen Ihren Willen. Pinchen, nur auf einen Augenblick lassen Sie diesen mir sonst lieben werthen Geist abtreten. Ich habe Ihr Wort, daß Sie die Blumen nicht zerknicken wollen, die die Hoffnung so schön um mich aufblühen ließ. Dieses Versprechen kam aus Ihrer Seele. Wahrlich, Mädchen, ich habe dein Herz, wie du das meine hast, dein Muthwil-

sie mag sagen, was er will. Es sind nur wunderliche Grillen von Freyheit, die es dich nicht wollen gestehen lassen. Wahrhafte Grillen! Erst mit dem Manne verbunden, wird das Weib wirklich frey. Man ist nur frey, wenn man den Zweck seiner Bestimmung unbeschränkt, und in seinem ganzen Umfange, erfüllen kann. Die Bestimmung des Weibes ist Beseligung des Mannes, Beförderung häuslichen Glücks, und die kann es nur erfüllen durch die zartere, engere Verbindung mit dem Manne. Da heiligt sie das Gesetz. Von dem stärkern Arme des Mannes geschützt, von seinem festeren Geiste geleitet, wird das Weib unabhängig, wie es sonst nicht seyn kann.

Pinchen. Der Mensch spricht wie ein Buch!

v. Werden. Weg denn, liebes Mädchen, mit den Grillen, die mein und Ihr Glück bisher verzögerten. Als ich mich zuerst um Sie bewarb, waren Sie zwanzig, und ich dreyßig Jahre alt. Nun sind wir acht Jahre älter geworden. Mädchen, wie glücklich hätten wir diese acht Jahre schon seyn können! Wie viel schöne Freuden des häuslichen Lebens, wie manche Familienseligkeit haben wir versäumt! Schuldlose Geschöpfe könnten schon um uns herhüpfen, auf unserm Schooße sich wiegen, an unsern Hals sich klammern, die süßen Nahmen: Vater und Mutter, aus ihren kindischen Kehlen uns entgegen tönen —

Pinchen. (sucht die Rührung zu verbergen, die sie ergreift.)

v. Werden. (bemerkt es, und fährt mit Feuer fort.) Das himmlische Vergnügen, diese jungen Blüthen

sals. Jetzt oder nie! Nun? Nur ein stummes Zei-
chen! — hier ist meine Hand! — was kann ich
hoffen?

Pinchen. (sieht ihn mit durchbringendem Blick
an, legt ihre Hand in die seinige, und eilt mit der
äußersten Schnelligkeit ins Kabinett.)

v. Werden. Victoria! die Festung ist über!
(Bedienter führt Pumper ein) Nach dem Adjudanten muß geschickt werden.

Bedienter. Eben trat er mit dem jungen
Herrn ins Haus. Ich hab' ihn zur Herrschaft
geführt.

v. Werden. Gut! es darf niemand hierher,
bis ich rufen lasse.

Bedienter. Wohl! (ab.)

Siebenter Auftritt.

Pumper. v. Werden.

v. Werden. Ist Er der Gastwirth Pumper?
Pumper. Zu Ew. Gnaden höchstem Befehl.
v. Werden. Befehl? Ich befehle niemand, ein
Schurke zu seyn.

Pumper. Höchst dieselben begnadigen mich da
mit einem Ehrentitel —

v. Werden. Der Ihm zukömmt. Wenn Er kein
Schurke wäre, so hieß' Er noch Bonifazius, schul-
meisterte noch in Säbern, hätte nicht des Obersten
Du katen eingezogen, ob Er gleich seinen Sohn hat
entlaufen lassen, gäbe nicht einen ungeschickten

Limmel von Jungen aus seiner Fabrike, für den entlaufenen jungen Dahlbeck aus.

Pumper. (voller Erstaunen) O du blaues, hohes Himmelsgewölbe! haben sich denn alle deine Sterne gegen mich verschworen? Ist's doch ordentlich, als ging' ein Glasfenster in mein Herz, und Ew. Gnaden guckten durch, und sähen alles, was dahinter vorgeht.

v. Werden. Ja, ich bin ein Tausendkünstler; ich sehe sogar, was noch dahinter vorgehen wird. Zittern und Zagen beym gerichtlichen Verhöre, Todesangst auf dem Wege zum Galgen, Schrecken und Entsetzen.

Pumper. (ängstlich einfallend) Ach! ich bitt' Ew. Gnaden, um aller Barmherzigkeit willen, halten Sie ein!'s geht alles schon jetzt in mir vor. Haben Sie Erbarmen mit mir! Ich gestehe ja alles. Aber bedenken Sie nur, gnädiger Herr, daß nicht jeder ein Spitzbube ist, der wie ein Spitzbube aussieht. — Gerade mein jämmerlicher Casus! Der junge Herr ist freylich davon gegangen, aber sine venia exeundi. Da legt er sich des Abends ordentlich zu Bette, und wie ich nun des Morgens um sechs Uhr aufstehe und ihn wecken will: Dominus non fuit hic, sed evolavit ex lecto. Denk' ich noch, sollt' er wohl! in dem großen Kirschbaum sitzen und frühstücken? Kirschen waren sein liebstes Essen, sein summum bonum, so zu sagen. Ich laufe dann in meinem Garten herum, und suche und rufe aus allen Leibeskräften: nichts zu sehn und zu hören! Nun gehts durchs ganze Dorf in vollem Trabe, überall Fragen nach Junker Joachim. — Kein Mensch hat ihn gesehen. Mein' ich, auf dem Felde wird er gewiß seyn: zwölf Jahr ist er; verlaufen kann er sich nicht haben; und so gehts durch Berg und Thal, durch Wiese und Wald, durch alle Dörfer drum und drum, all' umsonst! Excessit, evasit, erupit, würde der große Marcus Tullius gesagt haben. Hoff' ich und harr' ich einen Tag, eine Woche, einen Monath nach dem andern, daß er wiederkommen sollte: nichts, fuimus Troes, und meine Augen haben ihn nie wieder gesehen.

v. Werden. Aber ein Knabe von zwölf Jahren. Es ist unbegreiflich! Aus der Welt kann doch so ein Kind nicht laufen!

Pumper. 'S ging meinem Verstande nicht um ein Haar besser, gnädiger Herr! Aber ich wollte wohl wetten, er ist in guten Händen: 's war ein gar so langer, scharmanter, rothbackigter junger Herr. Gerissen werden sich die Leute um ihn haben. Wer weiß, was er schon für ein hohes Glück gemacht hat. Er kömmt wieder, Ihr Gnaden, eh wir's uns vermuthen und schmuck und vornehm, und prächtig! (mit einer Art Ekstase.) Ein philosophischer Geist nimmt mich beym Schopf: ich hab ein Gesicht! Er ist's, er ist da. (streckt seine Arme aus.) Willkommen, du süßes Schmerzenkind! Mein Herz macht einen Luftsprung vor Freuden, und meine Seele einen Purzelbaum vor Entzücken.

v. Werden. Nehm' Er sich nur in Akt, daß Er nicht das Schicksal der falschen Propheten hat, und gesteinigt wird. Ich bin der Erste, der nach Ihm wirft, wenn's dazu kommt.

Pumper. Hu! hu! Bedenken Ihro Gnaden doch nur, daß ein Stein kein Schneeball ist! Unschuldiger wäre noch kein Mensch mit Steinen in die andere Welt geschickt worden. 'S ist wahr, des Herrn Obersten Dukaten hab' ich nachher noch immer zu mir genommen. Aber, du lieber Himmel, sie wurden mir ja ins Haus geschickt, und man hätte mich ja beym Kopf genommen, wenn ich's mir hätte merken lassen, daß der Junker über alle Berge war.

v. Werden. Aber den Spitzbubenstreich mit seinem Tölpel von Jungen, wie will Er denn den rechtfertigen?

Pumper. Ach! das ist ein Einfall von meiner Frau. Ich wollte gar nicht dran, gnädiger Herr! Aber die Furcht vor Galgen und Strick machen aus dem Menschen, was Sie wollen. Haben Ihr Gnaden doch ja die Gnade, und lassen mir den Strick vom Halse! Ich habe nie eine Halsbinde getragen; das wäre die erste und letzte in meinem Leben.

v. Werden. Poltron, das ist überstanden, ehe man sich's versieht. Kommt's so weit, so sprech' ich Ihm Trost zu. Aber weiß Er denn gar nicht, wo der Mensch hingekommen ist?

Pumper. Wissen? wär' ich Sohn des Unglücks nur so glücklich, es zu muthmaßen. Aber das ist meinen Augen verborgen. Ja, hätt er ein Paar Jahre mehr auf dem Nacken gehabt, so dächt' ich, er wär' unter die Soldaten gegangen. Da hatt' er immer Lust zu. Wenn des Amtmanns und des Schloßverwalters Söhne mit ihm spielten, so war's richtig: Präsentirt das Gewehr! schwenkt euch! marsch!

v. Werden. (für sich.) Soldat? sollte meine Muthmaßung? (er zieht die Kapsel mit dem Ringe hervor, und besieht das Porträt.) Wahrhaftig, je mehr ich es ansehe, je mehr! — Dahinter kann ich ja gleich kommen. (zu Pumper, indem er ihm den Ring reicht.) Da, seh' Er das einmahl an!

Pumper. (nimmt den Ring, erkennt ihn, und steht mit starren Augen und offnem Munde da; endlich bricht er mit ängstlichem Tone aus.) Ich liege in den letzten Zügen; ich bin ein Leichnam; ich werde zu Grabe getragen! Das ist ja meines gnädigen Herrn Obersten gnädige selige Frau! (die Hände zusammenschlagend.) O du gottloses Weib, du Bel zu Babel, du dreyköpfigter Cerberus, Barbara, hast du mich verrathen? O du Seelenverkäuferinn! laffen Sie sie an meiner Stelle aufhängen! das ist himmelschreyend! Ich selber will sie hängen, mit diesen meinen eigenen Händen. (will ab.)

v. Werden. Bleib' Er! Da im Kabinett steckt, was Er sucht. Gleich will ich Ihm das holde Antlitz produciren. Aber untersteh' Er sich, und leg' Er'n Hand an sie! Sie steht unter meinem Schutz, und hat alles auf meinen Befehl gethan. Jetzt seh' Er's Porträt einmahl recht an. Kann Er sich des Junkers noch dabey erinnern?

Letzter Auftritt.

Vorige, Oberst von Dahlbeck, Rath Kegel, Pinchen, Nantchen, Dombach, Lips.

v. **Werden.** (ihnen entgegen) Verzeihung, Herren und Damen, daß ich Sie so lange habe warten lassen! aber wer langsam geht, geht sicher. Der gordische Knoten ist entwickelt. (Alle drängen sich, die Augen auf ihn gerichtet, um ihn her. Pumper und Barbara halten sich links auf dem Vordergrund des Theaters, von den andern abgesondert.) Onkel Dahlbeck! halten Sie Ihr Schnupftuch bereit! es gibt Freudenthränen. Freund Kegel! rüsten Sie Ihre Füße zum Springen! Einen Stuhl her, daß Nantchen mit Anstand in Ohnmacht fallen kann! (er geht zu Lips und nimmt ihm den Federhut ab) Hiermit entjunkre ich dich: (führt ihn zu Pumper und Barbara) sey wieder Monsieur Pumper! (Pumper, der Erste am Parterr, dann Barbara, dann Lips.)

Lips. (weinerlich zu Barbara) Da hat Sie mich nun doch zum Narren gehabt.

v. **Werden.** (führt Nantchen zu Kegeln) Hier hab' ich die Ehre, Ihnen Frau von Dahlbeck vorzustellen. Das wird sie: sie soll ja sagen, oder Fräulein Nantchen bleiben bis ans Ende der Tage.

Nantchen. (halb für sich, äußerst naiv) Gott bewahre!

v. **Werden.** (stellt Dombach auf die rechte Seite, Pumper gerade gegen über, und richtet ihm das

Gesicht, daß seine Augen auf Pumper fallen) Auf‑
geblickt! sehen Sie hierher! (zu Pumper gehend, zu
diesem) und Er, seh' Er dorthin. (auf Dombach
zeigend.)

(Beyde sehen sich an, als Leute, die nicht wissen,
ob sie ihren Sinnen trauen sollen.)

v. Werden. (zu Dahlbeck) Sie, Onkel, sehen
Sie den Ring einmahl an. (ihm denselben überrei‑
chend; zu Pinchen) Sie stellen sich zu mir. Nun
gebt alle Achtung!

Oberst. (den Ring erkennend) Mein Weib!

Dombach und Pumper. (die sich erkennen)
Bonifazius! Junker Dahlbeck!

(Allgemeine Aufmerksamkeit.)

Oberst. (bey diesen Worten aufblickend, sieht
Dombach an, und erkennt ihn) Laß es keine Täu‑
schung seyn, guter Himmel! Mein Joachim! (brei‑
tet seine Arme nach ihm aus.)

Dombach. Ich kann's nicht begreifen. Aber
mich zieht's unwiderstehlich in diese Arme. (sinkt
dem Obersten an die Brust) Mein Wohlthäter!

Oberst. Dein Vater!

Nantchen. (ängstlich und freudig) Mein Gott,
was geht da vor?

Keuel. Wär's möglich?

Pinchen. (Werden die Hand reichend) Nun
heirath' ich Sie.

v. Werden. (die Hand küssend) Danke.

Pumper. (läuft zu dem Obersten, und wirft sich
ihm zu Füßen) Barmherzigkeit, gnädiger Herr
Oberst! Wahr und wahrhaftig, Sie umarmen
Ihren Sohn.

Oberſt. Ich ſeh's. (auf den Ring blickend) Ich fühl's. (Dombach umarmend) Dir iſt vergeben: ſteh' auf! (zu Dombach) Mein Sohn! mein theurer Sohn!

Dombach. (des Oberſten Hand küſſend) Mein Vater! Wenn es ein Traum iſt, o ſo laß mich nie erwachen, du in deinem Himmel oben!

Pumper. Das hat keine Noth! Sie ſind meines gnädigen Gönners und Wohlthäters gnädiger Herr Sohn. Ich hab' Ihr Geſicht im Kopf, als wenn ich's auswendig gelernt hätte. Meine Wenigkeit iſt Schulmeiſter Bonifazius, dem Sie davon liefen, der ſich nach Ihnen faſt die Beine abgelaufen hat. Aber Sie waren weg, da half kein Suchen.

Dombach. Nun darf ich nicht mehr zweifeln. Unbekannt mit meiner Geburt, aber mit einer Ahndung im Herzen, daß ich nicht dieſes Mannes Sohn ſeyn könnte, mit dem Gefühle, daß ich eine höhere Beſtimmung habe, als die, zu der mich dieſer Mann erziehen wollte, nahm ich die Flucht. Erhitzt von den Heldenthaten des ſiebenjährigen Krieges, die unſer Amtmann, ehemahls Auditor eines Regiments, mir ſo oft mit fließender Beredtſamkeit erzählte, dacht und träumt ich nichts, als Krieg, Belagerungen und Schlachten. In einem Städtchen, ohngefähr zwey Stunden von unſerm Dorfe, lag ein Werboffizier. Das wußt' ich; dahin gingen alle meine Gedanken. Meine zwölf Jahre fielen mir gar nicht ein. An einem der ſchönſten Morgen, früh um vier Uhr, entſchlüpft' ich

meinem Bette, warf mich in meine gewöhnlichen
Kleider, sprang über den Zaun, das Dorf hinaus, flog, wie ein Vogel, über die Felder weg,
und schon um halb sechs Uhr war ich, wo ich seyn
sollte. Gleich bey meinem Eintritt in dem Städtchen begegnete ich einem ehrwürdigen, grauköpfigen Feldwebel, dem warf ich mich um den Hals,
und bath ihn, daß er mich zum Soldaten machen möchte. Der alte Mann lächelte und antwortete: Kinder schickte man nicht ins Feld. Ich fing
bitterlich an zu weinen, sagt' ihm, ich habe weder Vater noch Mutter, und ich möcht' ihn wohl
zum Vater haben. Dem guten Greise liefen die
Thränen über die Backen. Nun so komm! rief er;
ich wills seyn. Er nahm mich in sein Haus, gab
mir seinen Nahmen, ich wurd ihm lieb', wie sein
Kind. Unser Fürst sandte Truppen nach Amerika;
mein Pflegvater war drunter; ich begleitete ihn.
Wir langten glücklich an. Meine Liebe zum Soldatenleben ward immer größer. In meinen siebzehnten Jahre trug ich die Musquete. Ich hielt
mich brav, ward bemerkt, erwarb mir die Liebe
meiner Offiziere, avanzirte zum Feldwebel und so
immer weiter. Mein alter Dombach erstickte mich
beynahe mit Liebkosungen. In einem der blutigsten Gefechte erlag er einer feindlichen Kugel. Umsonst versucht' ich, durch die heißesten Küsse seinen
entfliehenden Geist aufzuhalten. So fanden Sie
mich. (zum Obersten.) Ich kam in ihr Haus, ward
durch Ihre Güte, was ich bin. Mit Ihnen kam ich
wieder in mein Vaterland, und der Himmel macht

mich so überschwenglich glücklich, in meinem Wohlthäter auch meinen Vater zu finden.

Oberst. O mein Joachim! hätt' ich ahnden können, wenn ich dich in einer zärtlichen Überwallung
meines Herzens in meine Arme schloß, daß es
der Sohn meiner Maximiliane wäre, den ich an
meinem Busen ruhen ließ! Zu viel Glück mit einem mahle. An Einem Tage find' ich einen Sohn
eine Tochter, (nimmt Nantchen, und wirft sie Dombach in die Arme) Du willst ihn doch, Mädchen?

Nantchen. (überrascht) Vater!

Oberst. Tochter.

Dombach. (feurig ihre Hand küssend) Gattinn!

v. Werden. Soll ich den Stuhl rücken?

Pinchen. Was Stuhl? Ein Soldat läßt nicht
fallen, was er in dem Arm hat.

Kegel. (hüpfend und springend.) Juchhe! Nantchen ist Frau von Dahlbeck.

v. Werden. Und Pinchen Frau von Werden.

Kegel. (springend und hüpfend.) Ist's richtig,
Mädchen?

Pinchen. (nickt mit dem Kopfe.)

Kegel. Jh du Goldseele! (geht hin, und küßt
sie, dann Nantchen.) Kommt alle her! (küßt Werden, Dombach, den Obersten, kömmt endlich auch
zu Pumper.) Wärst du nicht so ein Spitzbube, du
kriegtest auch einen Kuß.

Pumper. O Ihro Gnaden, ich bin zufrieden,
daß die Raben nur nichts mit mir zu thun kriegen, und meine Ehehälfte nicht Wolle zu kratzen
braucht.

Oberst. Nun, weil du so genügsam bist, und

alles einen so guten Ausgang hat. Da! (wirft ihm einen Beutel mit Geld zu.)

Pumper. Ihro Gnaden sind die Barmherzigkeit in Superlativo. Ich und meine Barbara wollen auch alle Morgen für Ihro Gnaden zum Himmel bethen.

v. Werden. Wenn ich Ihm rathen soll, so laß er das bleiben. Für ihn ist's besser, wenn der Himmel gar nicht weiß, daß er da ist. Madam Pumper (wirft auch ihr eine Börse hin.) das ist für Sie. Denn, wie Sie sieht, meine Frau kann Sie nicht werden.

Barbara. (das Geld nehmend) Ihro Gnaden haben mich schön zum Besten gehabt. Ich schäme mir die Augen aus dem Kopfe.

v. Werden. Das wäre Schade! Sie nehmen sich viel zu hübsch im goldnen Pelikan aus.

Kegel. Basta! Kommt zum Essen. (zum Obersten.) Gib mir deinen Arm, Alter, und ihr führt jeder seine künftige. Er, Herr Pumper, kann mir einen Korb von seinem Sechsundsechziger schicken: wir wollen die Brautpaare hoch leben lassen. (ab mit dem Obersten.)

v. Werden. Das ist gut: wir brauchen Stärkung zu dem Kreuz, das unser wartet.

Pinchen. Kreuz? Nun daran soll's nicht fehlen: da haben Sie meine Hand!

v. Werden. Ich küsse die Hand, die mich schlägt.

Dombach. (Nantchens Hand küssend.) Und ich die, die mich segnet. (die beyden Paare ab.)

www.ingramcontent.com/pod-product-compliance
Lightning Source LLC
Chambersburg PA
CBHW031407160426
43196CB00007B/937